红色宝藏

——内蒙古博物院馆藏革命文物

张闯辉　主编

远方出版社

图书在版编目（CIP）数据

红色宝藏：内蒙古博物院馆藏革命文物／张闯辉主编．－－呼和浩特：远方出版社，2023.11
ISBN 978-7-5555-1932-4

Ⅰ．①红… Ⅱ．①张… Ⅲ．①革命文物－介绍－内蒙古 Ⅳ．①K871.6

中国国家版本馆CIP数据核字（2023）第184839号

红色宝藏——内蒙古博物院馆藏革命文物
HONGSE BAOZANG NEIMENGGU BOWUYUAN GUANCANG GEMING WENWU

主　　编	张闯辉
责任编辑	蔺　洁
封面设计	李鸣真
版式设计	韩　芳
出版发行	远方出版社
社　　址	呼和浩特市乌兰察布东路666号　邮编010010
电　　话	（0471）2236473总编室　2236460发行部
经　　销	新华书店
印　　刷	内蒙古爱信达教育印务有限责任公司
开　　本	787毫米×1092毫米　1/16
字　　数	230千
印　　张	16.25
版　　次	2023年11月第1版
印　　次	2023年11月第1次印刷
标准书号	ISBN 978-7-5555-1932-4
定　　价	88.00元

如发现印装质量问题，请与出版社联系调换

编委会名单

主　编　张闯辉

副主编　戈力平

成　员　陈明会　徐怿达　董苏艺

　　　　季江龙　李　玲　王子涵

　　　　韩　俐　白　瑞

"码"上翻阅

红色宝藏

听： 文物会说话
想要声临其境?
快来收听文物幕后故事。

观： 文物记录片
内蒙古博物院出品,
即刻观看薪火相传的记录影像!

阅： 历史档案夹
内蒙古党史上的那些"第一",
你知道吗?

记： 阅读摘录本
时刻汲取精神之源,
即刻摘录共鸣瞬间。

扫码寻找
听·文物会说话
观·文物记录片
阅·历史档案夹
记·阅读摘录本

前　言

　　革命文物凝结着中国共产党的光荣历史，展现了近代以来中国人民英勇奋斗的壮丽篇章，是革命文化的物质载体，是激发爱国热情、振奋民族精神的生动教材，是中国共产党团结带领中国人民不忘初心、继续前进的力量源泉。加强革命文物保护利用，挖掘革命精神和时代价值，弘扬革命文化，传承红色基因，是各级文物收藏管理机构的共同责任。

　　内蒙古博物院始建于1957年，是内蒙古自治区最大的集文物收藏、研究、展示于一体的综合性博物馆，是国家一级博物馆、全国爱国主义教育基地、全国民族团结进步先进单位。内蒙古博物院还是内蒙古自治区最重要的革命文物收藏单位，收藏的革命文物数量最多、类别最全、时间跨度最长、覆盖地域最广、涉及人物事件最丰富。

　　内蒙古博物院坚决贯彻"保护第一、加强管理、挖掘价值、有效利用、让文物活起来"的新时代文物工作方针，选取有代表性的革命文物，以文物为载体，以物说史、以物证史、以物串史，图文并茂地展现中国共产党的先驱们坚持真理、坚守理想、践行初心、担当使命、不怕牺牲、英勇斗争，对党忠诚、不负人民的伟大建党精神；展示在党中央团结带领下，内蒙古地区各族群众，浴血奋战、百折不挠，取得新民主主义革命伟大胜利的光辉历程。全书共分四个部分。第一部分通过文物讲述党的创建和大革命时期，李大钊等人培养内蒙古地区第一批共产党人，并建立第一批党的组织，在内蒙古大地上撒下党领导各族人民进行革命斗争的火种。第二部分通过文物讲述土地革命战争时期，党领导内蒙古地区各族人民，努力恢复和重建党组织，继续坚持革命斗争。九一八事变后，党领导轰轰烈烈的抗日救亡运动。第三部分通过文物讲述抗日战争时期，党领导内蒙古地区各族人民广泛发动抗日武装斗争，建立大青山抗日游击根据地，遏制日本侵略者西进南下企图；东北抗日联军三进呼伦贝尔推动内蒙古东部地区抗日斗争等，展现在党领导下内蒙古地区各族人民为赢得抗日战争伟大胜利作出的不可磨灭的贡献。第四部分通过文物讲述解放战争时期，党团结带领内蒙古地区各族人民全力保卫抗日战争胜利成果，坚决抵抗国民党对解放区的军事进攻，维护国家统一和民族团结，领导成立内蒙古自治政府，推进内蒙古地区完全解放，开启民族平等团结、共同发展的新纪元。

知从所来、方明所去。内蒙古是中国共产党较早开辟革命工作的民族地区，也是成立最早的民族自治区。本书研究整理中国共产党在内蒙古地区的历史，追溯内蒙古拥有模范自治区崇高荣誉的深厚渊源，引导各族人民知史爱党、知史爱国，感党恩、听党话、跟党走，全方位建设模范自治区。

历史是最好的教科书。通过讲好党的故事、革命的故事、英雄的故事，充分发挥革命文物在党史学习教育、革命传统教育、爱国主义教育、社会主义核心价值观教育中的作用，激发爱国热情、振奋拼搏精神，培育担当民族复兴大任的时代新人。以有形、有感、有效的形式，铸牢中华民族共同体意识，引导各族人民树立正确的国家观、历史观、民族观、文化观、宗教观，增加对伟大祖国、中华民族、中华文化、中国共产党、中国特色社会主义的高度认同，巩固和发展民族团结大局。

目 录

第一部分　党的创建和大革命时期的革命文物

1　北京蒙藏学校土默特旗学生花名册　　　／002

2　荣耀先烈士使用过的砚台　　　／006

3　李裕智烈士在北京蒙藏学校时使用过的文具盒　　　／010

4　多松年烈士的帽子　　　／014

5　赵诚使用过的俄日字典　　　／019

第二部分　土地革命战争时期的革命文物

6　杨植霖回忆王若飞监狱斗争的《铁窗怒吼》手稿　　　／024

7　吉雅泰从事地下工作时的护身武器蒙古刀　　　／029

8　朋斯克在内蒙古东三盟开展地下工作时用的狼皮褥子　　　／033

9	特木尔巴根在内蒙古东部区做地下工作时用过的线毯	/036
10	王逸伦在河套地区做地下工作时用过的货郎木箱	/039
11	百灵庙抗日武装暴动遗物子弹壳	/042
12	乌审旗牧民赴延安参观时使用的马嚼子	/047

第三部分 抗日战争时期的革命文物

13	大青山骑兵支队司令员姚喆的日记手稿	/052
14	高凤英烈士使用过的镰刀	/057
15	李森在大青山抗日游击根据地使用的子弹袋	/060
16	彭德大烈士使用过的马镫	/063
17	黄厚在大青山抗日游击根据地使用过的文件包	/066
18	四支队田恩民使用过的印章	/069
19	贾力更烈士从事地下工作时用过的货郎担	/072
20	白生宝等老乡给八路军背上大青山的磨盘	/076
21	八路军采购员张润喜买的春牛牌酱油的瓶子	/079
22	抗日积极分子张兰女做鞋使用的针锥子	/083
23	大青山骑兵游击队用的子弹袋	/087

24	刘洪雄烈士的带相框照片	/091
25	郝登鸿烈士收藏文件的绣花褡裢	/094
26	杨植霖草拟的《支部工作计划纲领》	/097
27	大青山抗日游击根据地抗日标语	/101
28	党员群众学习用的《识字课本》第三册	/105
29	第八路军绥蒙游击支队政治部印《为袭击缸房营子告同胞书》	/112
30	绥蒙游击支队政宣部翻印的《争取时局好转的十大任务》	/115
31	绥东工委会大丰凉左县政府临时公用粮票	/118
32	李含英任托县县长的托克托县政府通令	/122
33	组织团结青年参加抗战工作的《青年救国会简章》	/125
34	《那素滴勒盖哀荣录》	/128
35	乌兰在延安使用过的线毯	/131
36	城川民族学院学员的数学作业本	/134
37	陈介平在延安穿过的毛背心	/139
38	王亚凡创作的《塞北黄昏》歌剧稿本	/143
39	延安光华商店代价券伍角	/145
40	陕甘宁边区政府致乌审旗西协理奇国贤的贺年片	/148
41	天宝在伊盟做地下工作时用的手枪套	/152

42	乌兰夫在新三师时使用过的马鞍	/ 155
43	田万生做地下工作时使用过的油灯	/ 159
44	郭北宸烈士使用过的《孙中山全书》第二册	/ 162
45	乔培新拟写的抗日文稿	/ 165
46	东北抗日联军使用过的桦树皮盒	/ 168

第四部分　解放战争时期的革命文物

47	贺龙部队在凉城地区使用过的八音盒	/ 174
48	《蒙汉联合画报》	/ 178
49	内蒙古自治运动联合会印章	/ 181
50	内蒙古自治运动统一会议的主要决议	/ 186
51	《关于各盟旗保送学生入内蒙古学院的决定》	/ 189
52	《内蒙古自治政府布告（第一号）》	/ 192
53	《内蒙自治报》1947年5月合订本	/ 196
54	《内蒙古周报》	/ 199
55	长城银行发行的5000元券	/ 203
56	内蒙银行内蒙古各旗县公私款通用200元纸币	/ 208

57 中共中央委员会公布的《中国土地法大纲及关于公布
中国土地法大纲的决议》 / 211

58 东北行政委员会颁发给白拉麻札佈的土地执照 / 214

59 新"苏鲁克"合同 / 217

60 关起义烈士手稿《介绍内蒙古实业公司》 / 220

61 《追悼萧苏高朱牛诸烈士纪念册》 / 224

62 唐桂芝烈士的手镯 / 227

63 中国人民解放军内蒙古骑兵第一师第二届功臣大会留影 / 230

64 《绥蒙区党政军民殉难烈士英名录》 / 234

65 蒙汉支队战士使用过的马鞍鞴 / 236

66 伊盟工委主办的《蒙古报》第49期 / 240

67 绥远"九一九"起义签字书（复制件） / 244

后记 / 247

第一部分

党的创建和大革命时期的革命文物

（1921—1927 年）

党的创建和大革命时期，李大钊等人培养了内蒙古地区第一批共产党人，并建立了第一批党的组织，在内蒙古大地上撒下党领导各族人民进行革命斗争的火种。

1

北京蒙藏学校土默特旗学生花名册

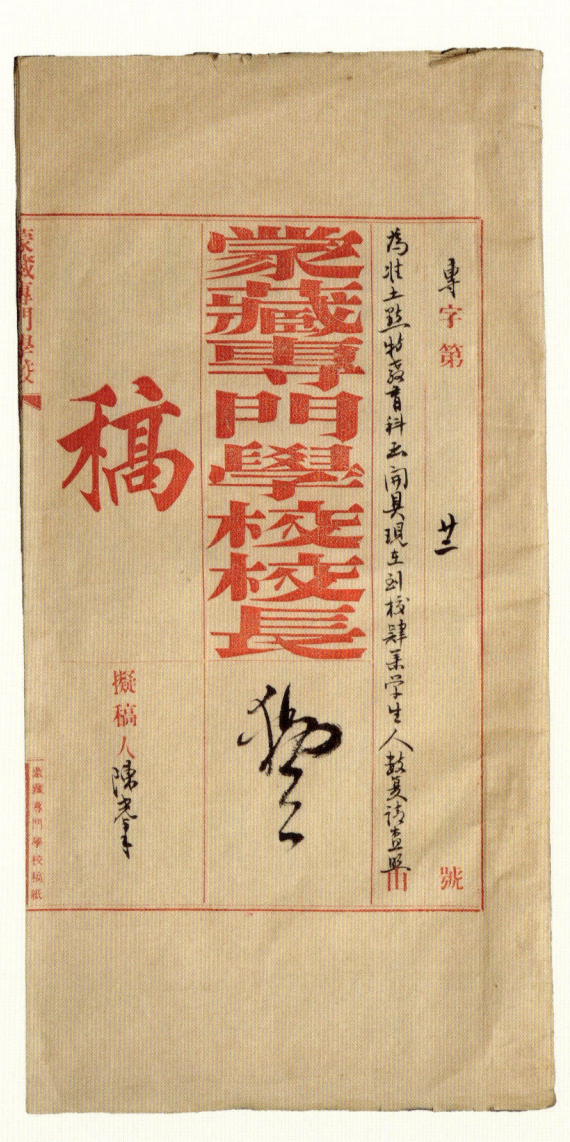

名称：北京蒙藏学校土默特旗学生花名册
年代：1925年
质地：纸
尺寸：长30厘米，宽15.5厘米
质量：5克

  花名册为红色油墨印制，用毛笔填写。这份花名册是1925年北京蒙藏专门学校（简称北京蒙藏学校）致土默特总管公署教育科的函件。

  在花名册中，有吉雅泰、李裕智、佛鼎、云泽（乌兰夫）、多寿（多松年）、奎璧、春和（高布泽博）、朱实夫等人的名字。他们经荣耀先的介绍，进入北京蒙藏学校学习后，与中共北方党组织的负责人见面，开始接触马克思主义思想。

  1923年暑期，共产党员荣耀先受北京蒙藏学校委派，回到家乡绥远土默特旗招生，并根据中共北方党组织指示，动员在归绥中学和土默特高等小学校读书或就职的先进青年到北京蒙藏学校学习。

  1923年秋，30多名蒙古族青年来到北京蒙藏学校学习。李大钊及其领导的中共北方党组织紧抓时机、积极工作，和这些青年交朋友，谈个人前途，谈国家大事，深入浅出地讲解革命道理，使他们对民族解放有了更深刻的思考，培养他们成为内蒙古地区革命工作的骨干力量。李大钊等共产党人利用北京蒙藏学校这个阵地，有效扩大了马克思主义在内蒙古地区青

北京蒙藏学校旧址

土默特高等小学校旧址

年中的影响，这批朝气蓬勃的蒙古族青年很快就被引导到党领导的革命队伍中来，纷纷加入中国社会主义青年团或中国共产党。

1925年，中共北方党组织在北京蒙藏学校建立了由蒙古族党员组成的第一个共产党支部，即蒙藏学校支部，多松年任党支部书记。这是中国共产党历史上第一个由少数民族党员组成的党支部。内蒙古地区第一批共产党人在北京产生。

北京蒙藏学校土默特旗学生花名册见证了在中华民族遭受前所未有的劫难之际，一批来自内蒙古地区的进步青年，在李大钊和中共北方党组织的精心培养下，成为蒙古族第一代觉醒的有志青年。他们当中大部分人光荣地加入了中国共产党，成为坚定的无产阶级革命战士，为中国革命和解放事业作出了重要的贡献。

扫码寻找
听·文物会说话
观·文物记录片
阅·历史档案夹
记·阅读摘录本

2

荣耀先烈士使用过的砚台

名称：荣耀先烈士使用过的砚台
年代：大革命时期
质地：石
尺寸：长18.22厘米，宽13.40厘米，高4.44厘米，口径10.87厘米
质量：1.1千克

砚台通体呈黑色，砚额和砚盖上有装饰，是荣耀先烈士生前的文房用具。

荣耀先（1896—1927年），字辉庭，蒙古族，今呼和浩特市土默特左旗察素齐镇人。1918年，到北京蒙藏学校读书。1919年，带领北京蒙藏学校学生参加五四运动。1921年底，率北京蒙藏学校话剧团到归绥（今呼和浩特市）和包头公演具有反帝、反封建思想内容的话剧，向群众宣讲民主、自由、救亡图存、振兴中华的道理。

1923年4月，荣耀先经中共北方区委负责人韩麟符、李渤海介绍加入中国共产党。同年夏秋之际，荣耀先受北京蒙藏学校委派回到绥远并代表校方招生，吸引土默特高等小学校和归绥中学校30多人考入北京蒙藏学校，其中有乌兰夫、多松年、佛鼎、奎璧、朱实夫、李裕智、吉雅泰等。这些青年经荣耀先介绍，与中共北方党组织的领导同志见面，接触了马克思主义思想，开始探究民族解放的道路，成为蒙古族第一代觉醒的有志青年。他们当中大部分人先后加入了中国社会主义青年团或中国共产党，成为坚

荣耀先烈士从黄埔军校带回的棕树皮木箱

黄埔陆军军官学校旧址

荣耀先烈士使用过的书架

定的无产阶级革命战士。

  1924年，荣耀先受中共北方党组织派遣，赴广东黄埔陆军军官学校第一期学习。毕业后，历任黄埔学生军第一教导团排长，国民革命军第一军第三师七团连长，国民革命军第六军连长、营长等职，参加了平定商团叛乱和讨伐陈炯民的东征战役。1926年7月，国民革命军兵分三路开始北伐，在战斗中，荣耀先冲锋陷阵，屡立战功。1927年2月，荣耀先升任北伐军第六军突击团团长等职。4月，荣耀先在徐州茅村战斗中不幸牺牲，年仅31岁。

3

李裕智烈士在北京蒙藏学校时使用过的文具盒

名称：李裕智烈士在北京蒙藏学校时使用过的
　　　文具盒
年代：1923—1925年
质地：木
尺寸：长22.13厘米，宽12.46厘米，高9.32厘米
质量：715克

文具盒为木质，外涂红色油漆，内有隔层，是李裕智在北京蒙藏学校学习时的文具。

李裕智（1901—1927年），字若愚，蒙古族，曾用名巴图尔沁，今呼和浩特市托克托县人。1921年，入归绥中学学习，当选为校学生会委员和归绥市学生联合会委员。

1923年秋，李裕智等一批蒙古族进步青年到北京蒙藏学校学习，在李大钊和中共北方党组织的培养下，很快接受了马克思主义革命理论。1924年，加入中国社会主义青年团，同年转为中国共产党党员。1925年春，李裕智受中共北方党组织委派，回绥远地区开展革命工作，担任中共包头工委书记，工委机关设在福徵寺。李裕智及工委委员王瑞甫等筹资在包头城内开办明德照相馆作为据点。李裕智与工委人员常到农牧区走访并宣传革命理论，成立农民协会，号召"团结一致，打倒列强，救我中华"。当年秋天，在李裕智等共产党人的领导下，石拐沟煤矿工人罢工，斗争取得胜利，扩大了中国共产党在内蒙古地区的影响。

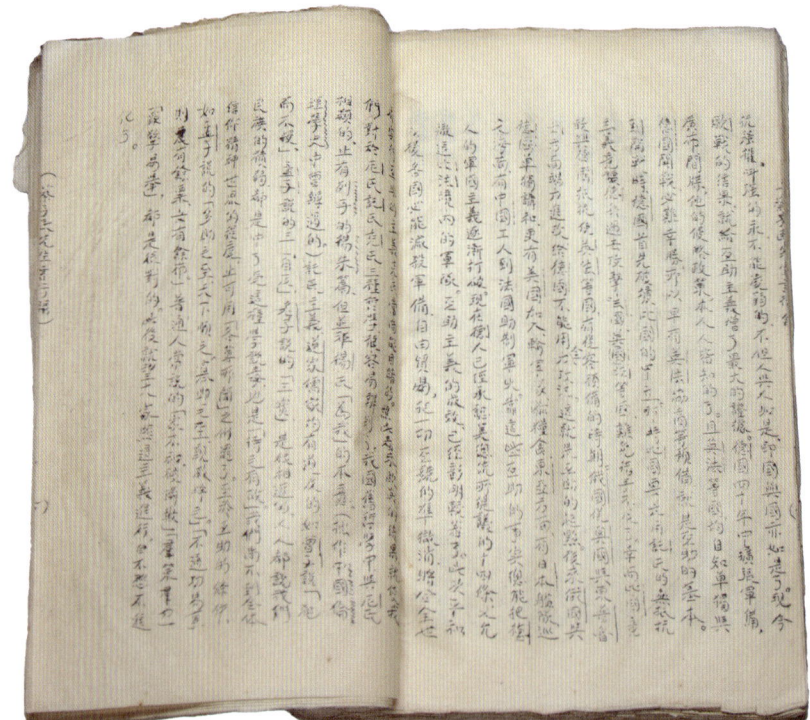

李裕智烈士使用过的革命书籍

包头工委旧址福徽寺

李裕智烈士与父亲在包头的合影

  1925年10月,按照中共北方区委的指示,李裕智赴张家口参加内蒙古人民革命党第一次代表大会,并当选为中央候补执行委员。同年冬,他再赴张家口参加由李大钊主持的内蒙古农工兵大同盟成立大会,当选为中央执行委员。回到包头之后,李裕智发展大同盟的盟员,建立大同盟的基层组织。

  1926年秋,内蒙古人民革命军成立,李裕智任副总指挥,并亲自负责政治教育及军事训练工作。

  1927年4月,国民党右派叛变革命,革命形势骤变。7月,内蒙古人民革命党在银川召开中央特别大会,在李裕智等共产党人、革命左派的影响下通过宣言,重申了该党五大宣言的基本精神,坚持了革命的宗旨。10月,李裕智在途经毛乌素沙漠时,被反革命分子杀害,年仅26岁。

4

多松年烈士的帽子

名称：多松年烈士的帽子
年代：大革命时期
质地：皮毛
尺寸：长33厘米，宽26厘米

帽子的皮毛整体呈黄褐色，内里墨书"多松年"。多松年在张家口地区从事革命活动时，将此帽送给老乡御寒。

多松年（1905—1927年），蒙古族，原名多寿，今呼和浩特市新城区麻花板村人。1919年，五四运动传播到归绥地区，多松年等人积极投身于反帝爱国运动。

1923年秋，多松年与一批蒙古族青年，为追求理想，来到北京蒙藏学校学习。中共北方党组织和李大钊对他们极为重视，予以悉心培养。1924年3月，多松年加入了中国社会主义青年团，并担任北京蒙藏学校团支部书记。1924年下半年，多松年转为中国共产党党员。

随着党员队伍的壮大，中共北方党组织在北京蒙藏学校建立起第一个共产党支部，多松年担任党支部书记，这是中国共产党历史上第一个由少数民族党员组成的党支部。

1925年4月，多松年与乌兰夫、奎璧在中共北方党组织和李大钊的指示下，创办了内蒙古地区最早的革命刊物《蒙古农民》。

多松年烈士在莫斯科中山大学学习时使用的皮箱

多松年烈士在莫斯科中山大学学习时使用的毛毯

多松年烈士在莫斯科中山大学学习时穿的西装上衣

1925年下半年,多松年与乌兰夫等同志受党组织选派,前往莫斯科中山大学学习。1926年秋,多松年提前回国,被党组织派往张家口,担任中共察哈尔特别区工委书记。他深入农村、牧区,开展农牧运动,成立了80余个农会,发展建立中共党组织。

1927年4月,中共五大在武汉召开,多松年作为热河、察哈尔、绥远三个特别区唯一的代表出席大会。这次大会是在国民党反动派发动"四一二"反革命政变后召开的。会议期间,多松年结识了毛泽东、周恩来、蔡和森等党的著名领导人。毛泽东在会上提出开展武装斗争、土地革命的建议,多松年在小组讨论会上表示赞成。

会议结束后，多松年先秘密返回北京，后回到张家口。当时，反动当局贴出悬赏缉捕"大共产党多松年"的布告。多松年把一些同志隐蔽好后，化装回到家乡麻花板村。多松年还在归绥找到当地的党组织，传达党的五大精神。随后，多松年又前往包头等地，传达五大精神。当时，同志们劝他不要回张家口，但多松年不放心革命工作，毅然决然地返回张家口，不幸在火车站被捕。

多松年被捕后，面对敌人的威逼利诱与酷刑折磨，始终坚贞不屈、大义凛然。1927年8月中旬，多松年遇害，年仅22岁。

扫码寻找
听·文物会说话
观·文物记录片
阅·历史档案夹
记·阅读摘录本

5

赵诚使用过的俄日字典

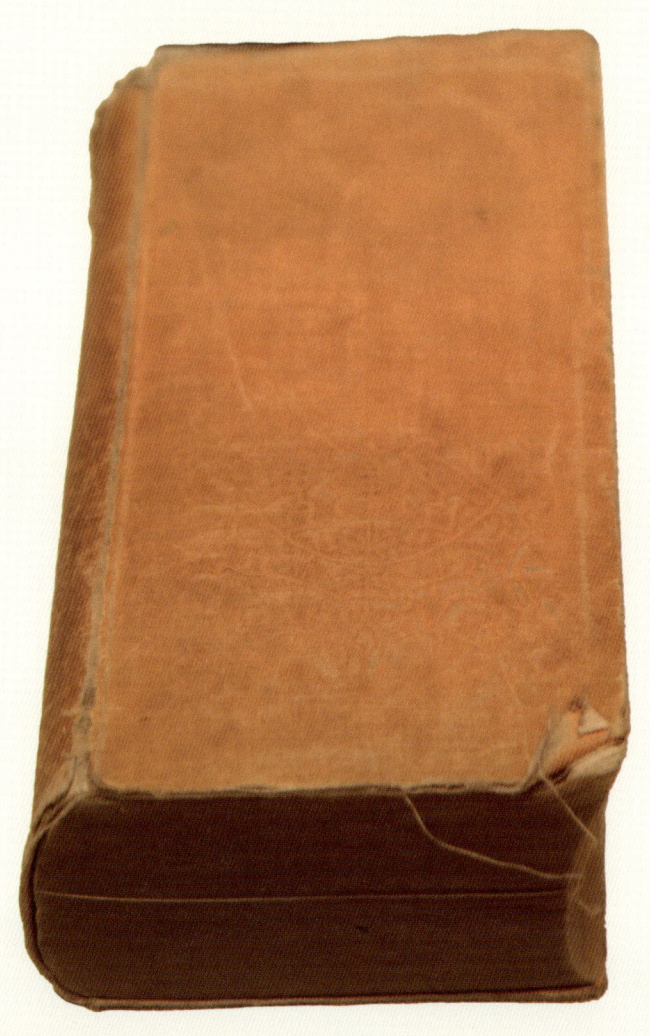

名称：赵诚使用过的俄日字典
年代：大革命时期
质地：纸
尺寸：长17厘米，宽9厘米，厚7厘米

字典封皮是米黄色布面，内容是俄日词语对译。该字典是赵诚学习俄语的工具书。

赵诚（1899—1959年），蒙古族，别名赵璧成，今呼和浩特市土默特左旗人。

1923年，赵诚等30多人报名北京蒙藏学校。1923年冬天，北京蒙藏学校放寒假以后，赵诚等数十人接受党组织的安排，到北京师范大学乐群补习班补习功课，一方面组织他们学习革命理论，更多的还是讨论蒙古民族的解放问题，这也是这些青年最关心的问题。寒假期间赵诚加入了中国社会主义青年团。

1924年上半年，赵诚参加了一个马克思主义学习小组，学习《共产党宣言》和马克思理论；下半年赵诚等人加入了中国共产党。1925年上半年，组织派奎璧、赵诚、佛鼎等到外蒙古学习；下半年派赵诚、佛鼎入苏联莫斯科东方大学学习。

1931年11月赵诚回到祖国，开始从事地下工作。七七事变后，赵诚转入土默特旗一带从事秘密的抗日救亡活动。1941年5月，赵诚到延安学习，先后在蒙古文化促进会、陕北公学民族部、延安民族学院从事蒙古语文的教研工作。1942年6月，调任陕北三边专署民族事务科科长、交际处主任，并被选为陕甘宁边区政府少数民族委员会委员。

1946年1月，赵诚调任中共伊克昭盟（今鄂尔多斯市）工作委员会委员。后又任伊克昭盟自治政务委员会第一副主任兼党组书记和伊克昭盟法院院长。中华人民共和国成立后，曾任内蒙古自治区高级人民法院院长、内蒙古自治区人民委员会委员等职。

第二部分

土地革命战争时期的革命文物

（1927—1937 年）

土地革命战争时期，党领导内蒙古地区各族人民，努力恢复和重建党组织，继续坚持革命斗争。九一八事变后，党领导人民展开了轰轰烈烈的抗日救亡运动。

6

杨植霖回忆王若飞监狱斗争的《铁窗怒吼》手稿

名称：杨植霖回忆王若飞监狱斗争的《铁窗怒吼》手稿
年代：1953年
质地：纸
尺寸：长18.1厘米，宽13.2厘米，厚1.8厘米
质量：305克

1931年，在绥远地区开展地下革命活动的共产党员杨植霖被绥远国民党当局逮捕，在狱中参加了由王若飞同志领导的对敌斗争。他将王若飞在监狱中的生活情况及信件内容都记录在这本红色的日记本中。后来，根据这本日记，出版了《王若飞在狱中》一书。

王若飞，1896年出生在贵州省安顺市。1922年6月，王若飞与赵世炎、周恩来等在巴黎发起成立旅欧中国少年共产党。同年秋，同赵世炎、陈延年等一起，经阮爱国（即胡志明）介绍，加入法国共产党。1923年3月，王若飞被派往苏联莫斯科东方大学学习，4月转为中共党员。1925年回国后，王若飞在河南工作9个多月，从宣传马列主义思想、组建党团组织到开展工人运动、农民运动，都作出了显著的成绩。1926年3月，王若飞赴上海任中共中央秘书长，后参与领导了上海工人第一次、第三次武装暴动。1928年，王若飞赴苏联任中共驻共产国际代表团成员。

1931年9月，王若飞从苏联回国领导西北地区的革命斗争，任中共西北特委书记。在商贾云集的包头，他化名为黄敬斋，扮成皮毛商人领导西

泰安旅馆

北地区的革命斗争。在包头泰安旅馆里，王若飞与中共西蒙工委书记乌兰夫取得联系。会面后，他起草了《告蒙汉同胞书》，成立了党的外围组织平民革命党。10月底，因叛徒出卖，王若飞不幸被国民党当局逮捕。被捕时，他把党的重要文件塞入口中嚼烂，严守党的机密，让第二天要与他联络的乌兰夫、李森等一批共产党人得以安全转移，使得内蒙古地区的中共党组织得以保存。

1931年11月，王若飞被押送到归绥第一模范监狱。1934年，王若飞被判十年徒刑。1936年，王若飞被转押太原陆军监狱，直到1937年获释。

在狱中，王若飞与国民党反动派继续进行顽强的斗争，迅速成立党小组，组织写作学习，领导狱中狱友绝食，要求改善伙食、争取人权。他的行为不仅鼓舞了很多共产党人，也影响了狱中许多普通青年逐渐走向革命阵营。王若飞不仅寻找机会对狱友们进行革命教育，还写下大量宣传马克思主义的文章。他在狱中为鼓励同志，写下了短文《生活在微笑》，其中写道："死里逃生唯斗争，铁窗难锁钢铁心。"

1938年起，王若飞任中共中央华中工作委员会兼中共中央华北工作委员会秘书长，兼任八路军副参谋长。1945年8月，他与毛泽东、周恩来一起作为中共代表赴重庆同国民党谈判。1946年1月，他代表中共方面出席在重庆召开的政治协商会议。1946年4月8日，王若飞在由重庆返回延安的途中因飞机失事遇难。

这本日记手稿真实记录了王若飞在长达5年零7个月的牢狱生涯中，始终威武不屈、坚定不移，严守党的机密，坚持革命斗争的历程。王若飞用实际行动践行了入党誓词中的庄严承诺，真正做到了对党忠诚，完美诠释了共产党员的忠诚与坚定。

绥远高等法院刑事判决 二十三年度诉字第 号

被告黄敬斋即王若飞又名李夫棠 男年三十八岁山西省兴县人
指定辩护人王大顺律师

右被告因危害民国案经检察官移送前来本院判决如左

主文

黄敬斋以危害民国居目的布组织织图扰害治安之方法主张危害民国有期徒刑十年褫夺公权十年裁判确定羁押日数抵以二日抵徒刑一日

事实

缘黄敬斋于民国二十年十月间（不记日期）奉中国工农苏维埃政府之
国十月间奉中国工农苏维埃中央政府之命派来绥远调查蒙氏之生活有设有受日本帝国主义的煽惑及反帝国主义运动和组织的煽起来共同对帝国主义不惜民主革命性质的组织极积极坚决的方法实行到到民以及提共事工作的具体形发生
到以于村玉必托村设有支部巴计王必村如五旗有工作同志不过信任的情形形以中不能信赖其根班辉其等全旗蒙民喜死有别的支持的工作同志不能信赖主张现在其他地方的工作情形以去党有多人和三家电分且已设有支部巴计有六的全旗蒙民喜死和三大和五旗平无全旗不相密主义有待宣传其所属中共本村有前在民二十三年三月五被免徒刑法第大侵之罪科有期徒刑在民二十三年三月五被免徒刑前是年六月又至乌金合仰作徐例第二条之较新

国民党绥远高等法院给王若飞的刑事判决书

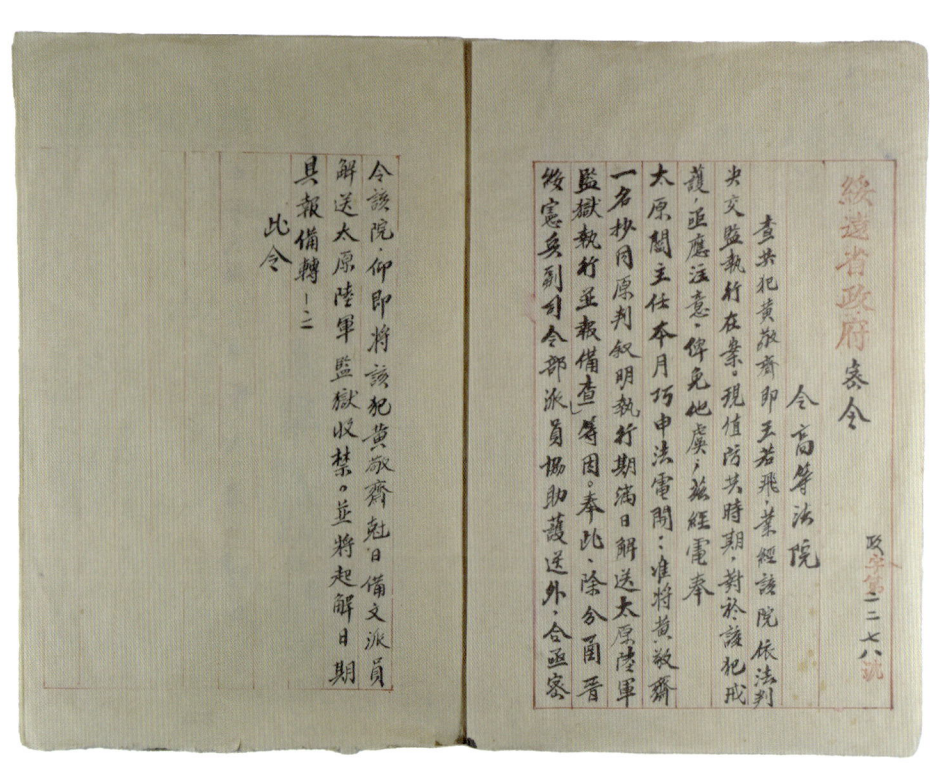

国民党绥远省政府将王若飞解送太原陆军监狱的密令

7

吉雅泰从事地下工作时的护身武器蒙古刀

名称：吉雅泰从事地下工作时的护身武器蒙古刀
年代：1934—1937年
质地：铁、木、牙
尺寸：长24.2厘米，刃宽1.48厘米，柄厚1.15厘米，
　　　刃厚0.38厘米，刃长12.93厘米
质量：67.8克

蒙古刀无刀鞘，刀柄以一小截红木和象牙固定，它是吉雅泰同志在土地革命战争时期从事党的地下工作时的护身武器。

吉雅泰（1901—1968年），字岱峰，曾用名赵丹寿、赵福、赵延寿、王西等，蒙古族，今呼和浩特市土默特左旗三两村人。

1915年入土默特高等小学校，1920年入归绥中学，1923年秋入北京蒙藏学校。1924年加入中国社会主义青年团，同年年底回绥远发动国民会议运动。1925年3月参加在北京召开的国民会议促成会全国代表大会，同年加入中国共产党，任中共绥远特别区工委书记。1929年，党组织派遣吉雅泰等赴外蒙古学习，后又进入莫斯科东方大学学习。1934年，吉雅泰毕业后，在内蒙古及东北一带从事地下情报工作。1937年，抗日战争爆发后，党组织指派吉雅泰前往外蒙古向共产国际代表汇报工作，并留在当地从事华侨政治领导工作。他先后担任乌兰巴托中国工人俱乐部戏剧主任，华侨剧团导演和全蒙总工会工人之路报社总编辑，自编自导了四幕歌剧《新花木兰从军》，创作了《卢沟桥》等十几个剧本，号召爱国华侨关注和支持

吉雅泰从事地下工作时使用的小蒸笼

吉雅泰从事地下工作时使用的手表

红色宝藏

——内蒙古博物院馆藏革命文物

吉雅泰从事地下工作化装为商人时戴的黑缎帽子

祖国的抗日战争。1946年回国,历任内蒙古自治政府临时参议会副议长、内蒙古共产党工委候补委员、中共呼纳盟委书记、中共锡察盟工委书记、中共中央内蒙古分局宣传部部长。

8

朋斯克在内蒙古东三盟开展地下工作时用的狼皮褥子

名称：朋斯克在内蒙古东三盟开展地下
　　　工作时用的狼皮褥子
年代：1933年
质地：毛、皮革、棉麻纤维
尺寸：长182厘米，宽81厘米
质量：1.85千克

　　褥子为长方形，红色粗布上缝狼皮，是土地革命战争时期朋斯克在东三盟开展地下工作时用的。

　　朋斯克（1905—1991年），又名包凤岐，蒙古族，今辽宁省彰武县人。

　　1925年，朋斯克被派往莫斯科东方大学学习，从此走上革命道路。1927年7月，按照中共驻共产国际代表团指示，朋斯克从莫斯科回到家乡秘密宣传革命思想，后去内蒙古做情报工作。根据共产国际指示，朋斯克先后在彰武、通辽、洮南等地收集情报，在伪满军队中秘密发展革命武装，组织领导内蒙古东部地区的抗日救亡斗争。

　　1936年初，朋斯克在郑大铁路线通辽以东的欧里车站专门开了个小商店，以此为掩护，秘密从事情报工作。

　　日本投降后，朋斯克投入内蒙古自治运动和对国民党反动派的斗争，于1946年11月加入中国共产党。内蒙古自治政府成立后，朋斯克先后任自治区公安部部长、交通部部长。1949年，他参加中国人民政治协商会议第一届全体会议，并出席开国大典。新中国成立后，朋斯克历任国家民委办公厅副主任、翻译局局长，中共内蒙古自治区统战部副部长，自治区人民委员会副主席，自治区政协副主席兼秘书长等职。

扫码寻找
听·文物会说话
观·文物记录片
阅·历史档案夹
记·阅读摘录本

9

特木尔巴根在内蒙古东部区做地下工作时用过的线毯

名称：特木尔巴根在内蒙古东部区做地下工作时用过的线毯
年代：土地革命战争时期
质地：棉
尺寸：长214厘米，宽145厘米
质量：1.9千克

线毯整体呈浅灰色，装饰红白条纹，是土地革命战争时期特木尔巴根在内蒙古东部地区开展革命工作时使用的。

特木尔巴根（1901—1969年），曾用名鲍仁山、札木苏、张成，蒙古族，今赤峰市喀喇沁旗人。

特木尔巴根于1918年至1924年，先后在北京蒙藏学校和北京大学就读。1925年初赴外蒙古学习，10月入苏联莫斯科东方大学国际班。1928年加入苏联共产党。1929年特木尔巴根受共产国际派遣回国，在哲里木盟从事地下工作。日伪统治时期，他在青年学生、伪军官兵中秘密宣传反日思想，发展进步力量。1934年到1936年，特木尔巴根曾通过秘密渠道，为共产国际提供重要情报。

1946年4月，参加内蒙古自治运动统一会议（史称四三会议），坚决赞同中国共产党关于取消东蒙古人民自治政府，以内蒙古自治运动联合会为内蒙古自治运动的统一领导的决定，并对持反对意见的人做工作，最终取得一致意见。在四三会议期间，经乌兰夫同志报请中共冀热辽分局批准，特木尔巴根同志由苏联共产党党员转为中国共产党党员。回到王爷庙（今乌兰浩特市）之后，特木尔巴根在中共东北局和西满分局的领导下，积极进行取消东蒙古人民自治政府和停止内蒙古人民革命党活动的工作。

1947年5月，内蒙古自治政府成立，特木尔巴根当选为自治政府委员，担任经济部部长；7月，任内蒙古共产党工作委员会委员。

中华人民共和国成立后，特木尔巴根历任内蒙古自治区人民政府委员、财政部部长，自治区政协副主席，中央民族事务委员会委员，自治区高级人民法院院长，中共内蒙古自治区委员会常委，全国人大常委会民族委员会委员等职。

10

王逸伦在河套地区做地下工作时用过的货郎木箱

红色宝藏
——内蒙古博物院馆藏革命文物

> 名称：王逸伦在河套地区做地下工作时用过的货郎木箱
> 年代：土地革命战争时期
> 质地：木
> 尺寸：长46厘米，宽56厘米，高45厘米
> 质量：13.9千克

木箱近正方体，用于盛放货物，是王逸伦在土地革命战争时期，到河套地区从事地下工作时的用具。

王逸伦（1904—1986年），今赤峰市翁牛特旗人。1932年7月，加入中国共产党。入党不久，王逸伦便成为中共内蒙古特委的主要成员。同年12月，组织安排王逸伦回赤峰地区发动群众、组织武装、开展抗日工作。

王逸伦在莫斯科东方大学学习时用的手表

1933年2月，日军进攻赤峰时，王逸伦按照党中央和内蒙古特委指示，配合孙殿英赤峰抗战。赤峰沦陷后，王逸伦转入地下抗日斗争，宣传党的

抗日思想，培养抗日骨干，发展党员和党的组织。

1934年5月，王逸伦赴河套地区任中共临河县委书记。同时，王逸伦以货郎身份为掩护，长期活动于杭锦后旗地区，恢复和发展党组织。四支、沙海、蛮会、光荣等地群众都与他熟识，见面还以"王货郎子"相称。

1935年5月，河套地下党组织遭破坏后，王逸伦到莫斯科东方大学学习，1939年回到延安。

1942年12月，王逸伦回到家乡，继续从事革命斗争工作。此后，王逸伦参加了内蒙古自治政府的筹建工作。

11

百灵庙抗日武装暴动遗物子弹壳

名称：百灵庙抗日武装暴动遗物子弹壳
年代：1936年
质地：铜
尺寸：长5厘米，直径1.15厘米
质量：20.2克

子弹壳为铜质，是百灵庙抗日武装暴动的见证物。

20世纪30年代的百灵庙是乌兰察布草原上的重镇。1934年4月，南京国民政府批准在百灵庙成立蒙古地方自治政务委员会（简称蒙政会）。时任蒙政会秘书长的德穆楚克栋鲁普（即德王）控制蒙政会后，以他在20世纪20年代末组建的乌滂守备队为基础，组成千余人的蒙政会保安队，其中土默特和察哈尔的蒙古族青年占了大多数。德王把这支武装视为推行"蒙旗自治"并与绥远、察哈尔两省当局抗衡的重要力量，绥远、察哈尔两省当局将其视为国民政府执政的障碍，中国共产党、蒙古族进步人士及广大民众则希望这支武装成为民族解放的力量。中共西蒙工委在蒙政会保安队中做了大量工作，并在德王公开投敌的关键时刻引导这支部队发起武装暴动，加入抗日行列，给日伪势力以沉重打击，极大地振奋了全国人民团结御侮、共同抗日的精神。

1936年2月21日晚，百灵庙抗日武装暴动开始。按照事先的计划，暴动队伍分头行动。首先由云蔚率部到稽查处，处死了德王的亲信李凤诚，放

百灵庙抗日武装暴动纪念碑

中央日报

民國二十五年二月二十六日

蒙政會科長雲繼先等率眾脫離百靈廟

因德王東去謠諑繁興廟方環境惡劣
現集合廟南聽候中央及地方之援助
昨電京報告經過並聲明三點

蒙政會保安科長蘇魯倍、教育處科長買鴻珠、財委會科長任秉鈞、參事康濟民等，以德王東去、謠諑繁興、百靈廟方面環境惡劣，乃於本月二十一日聯合職員百餘人、率同官兵千餘人、離百靈廟在廟南覓地集中，聽候中央及地方當局援助，昨（廿五）日雲繼先等有電致京中軍政當局，報告離廟情形，茲探悉原電如下：（銜略）繼先等服務百靈廟蒙政會，二年來矢勤供職，深願我蒙古在中央領導之下，服從德王、增民福利，乃去多德王東去不返、廟方環境日非、或謂西蘇尼特拵巳組織軍政府、或謂德王委李守信為軍政部長、或謂察北六縣改年建號，一切均諱莫如深，萬千有危害生命、繼先等不得已、遂率同官兵千餘人、並聯合職員百餘人、於二十一日離開百靈廟、在廟南覓地集合、聽候中央及地方當局之援助，特聲明如下：（一）近因德王情況不明，且消息隔絕、感受生命危險而出走，有激於愛國熱忱及不背叛國家原則下、無所謂鬥爭、更無所謂叛變、常出走時，留廟之對方共十餘人彼等對繼先等、離橫加非禮、但繼先等絕不報復、離廟時毫無聲應、未取外人一絲毫地方、亦絕最約束、秩序如常、可反證繼先等之所為、謂之避禍可、至鳳明顯、謂之愛國反正亦辦無不可、（二）綏境蒙政會已成立、保安處科長蘇魯倍、教育處傳開失實、政會方橫加陷害，謹布經過、尚希垂察，保安處科長雲繼先、民治處科長蘇魯倍、教育處科長買鴻珠、政會參事康濟民、率同仁鑒官佐士兵千餘人同叩、徑（二十五日）。

《中央日报》对百灵庙暴动的报道

出被关押的士兵。另一路暴动队伍打开军火库，武装了暴动人员。其他几路人马有的砸电台，切断蒙政会与德王府的通讯联系；有的包围了蒙政会驻会官员，促使文职人员参加暴动。暴动队伍还打开会计科的钱柜，将两万银圆全部抛掷于地，表明广大官兵抗日救国不贪钱财的态度。暴动成功后，起义人员与预先赶到南营盘的云继先、朱实夫会合，把这支近千人的暴动队伍连夜拉出百灵庙。德王得知暴动消息后立即派兵尾追，暴动队伍击退追兵，向归绥方向行进。暴动部队在傅作义部的接应下到达归绥后，被暂编为归绥县和萨拉齐县防共保安队，分别在归绥县三两村和萨拉齐县水涧沟门村驻防。1936年2月25日，暴动部队由云继先领衔发表通电，宣布脱离德王阵营，投身抗日行列。

百灵庙抗日武装暴动发生后，全国各地大力声援，支持高举义旗的蒙古族抗日武装。暴动部队历经改编、哗变、遣散、收容、整顿，在中共西蒙工委的努力下，保留了骨干，许多共产党员在部队中担任了重要职务。1937年，暴动部队被马占山改编为蒙旗独立混成旅，参加了抵御日军进犯归绥的大黑河阻击战。暴动部队后移防伊克昭盟，成为战斗在鄂尔多斯高原上的一支抗日劲旅和守护陕甘宁边区的重要武装力量。

百灵庙抗日武装暴动后，这支武装力量实际上成为当时由中国共产党领导和控制的内蒙古民族中最前进的力量，最大的抗日军队，打响了内蒙古西部地区人民武装抗日、反对分裂的枪声。

12

乌审旗牧民赴延安参观时使用的马嚼子

名称：乌审旗牧民赴延安参观时使用的马嚼子

年代：1937年

质地：皮革、铁

尺寸：长30厘米，宽30厘米，厚1.1厘米

质量：369克

这件马嚼子，也叫辔头，是1937年乌审旗牧民到延安参观时使用的马具。

伊克昭盟是大革命时期内蒙古革命蓬勃发展的地区之一，这里的人民具有光荣的革命传统。特别是乌审旗，中共中央到达陕北之前，陕甘红军一直活动在陕北横山、靖边一带，并与伊克昭盟乌审旗有着友好往来。乌审旗也成为伊克昭盟接受革命影响最早的地区之一。

1936年3月，中共乌审旗工委成立，一方面率领蒙汉骑兵游击队配合红军作战，一方面大力开展民族工作。田万生等人以边贸商人的身份在乌审旗活动，向蒙古族各阶层宣传党的民族政策和抗日救亡道理，使不少牧民走上了革命道路。中共乌审旗工委通过与蒙古族同胞沟通感情，建立信任，宣传党的民族政策，打通了联络蒙古族上层人物和深入蒙古族下层群众的渠道。

随着党在乌审旗工作的深入开展，越来越多的蒙古族群众希望更多地了解共产党和红军，纷纷提出想去延安看看。乌审旗工委将这一要求上报党中央后，经中共中央同意，1937年2月中旬，中共乌审旗工委安排第一批牧民参观团，骑行四天到达延安。当天，朱德总司令看望了来自鄂尔多斯高原的第一批蒙古族牧民。第二天，毛泽东主席也来看望大家。牧民们无不感动，他们深切感受到在生活条件十分艰苦的情况下延安军民的热情款待，感受到共产党对少数民族的真情实意和深切关怀。参观团一行目睹了延安军民自力更生、艰苦奋斗、蓬勃向上、团结抗日的新气象，加深了对中国共产党的认识和了解。

中国共产党以诚恳的态度和认真细致的工作，赢得了蒙古族各阶层的信任和支持。随着党在伊克昭盟地区影响力的日益扩大，党的组织和革命力量也不断壮大，为下一步建立广泛的抗日民族统一战线，把伊克昭盟构筑成陕甘宁边区的坚固屏障，奠定了坚实基础。

扫码寻找
听·文物会说话
观·文物记录片
阅·历史档案夹
记·阅读摘录本

第三部分

抗日战争时期的革命文物

（1937—1945 年）

抗日战争时期，党领导内蒙古地区各族人民广泛发动抗日武装斗争，建立大青山抗日游击根据地，遏制日本侵略者西进南下企图；东北抗日联军三进呼伦贝尔，推动内蒙古东部地区抗日斗争等事迹，展现了在党的领导下，内蒙古地区各族人民为赢得抗日战争伟大胜利作出的不可磨灭的贡献。

13

大青山骑兵支队司令员姚喆的日记手稿

名称：大青山骑兵支队司令员姚喆的日记手稿
年代：1941—1952年
质地：纸
尺寸：长10~13厘米，宽8~9.5厘米，
　　　厚0.95~1.9厘米
质量：714.6克

日记手稿共9本，多数留存封皮。日记用钢笔书写，总计约12万字，内容以行军、战况及工作为主，日记的时间从1941年4月6日至1952年5月12日。

姚喆（1906—1979年），湖南省邵阳县人。1928年参加平江起义，1929年加入中国共产党。

1938年5月，中央作出了《关于沿大青山脉建立游击根据地的指示》和《关于建立大青山游击根据地及党的政策的指示》。6月，八路军一二〇师根据毛泽东和中央军委指示组建大青山支队。1938年7月，姚喆被任命为八路军大青山支队参谋长，与李井泉司令员一道率部挺进绥远，开辟大青山抗日游击根据地。

1940年2月，姚喆任八路军大青山骑兵支队司令员，组织开展了对国民党顽固派的反击，并指挥部队开展骑兵游击战，粉碎了日寇的大扫荡。1942年7月，日寇调集重兵向大青山抗日游击根据地发动了规模空前的"梳篦式扫荡"。面对敌人疯狂的"扫荡"，姚喆带部队与敌人激战多次后化

八路军大青山支队、动委会、游击四支队挺进大青山路线图

八路军大青山支队挺进大青山地区

姚喆在绥远军区成立大会上讲话

姚喆（左）与甘泗淇在长城脚下的合影

整为零，分散转移。在主力部队和党、政、军机关转移到雁北地区的情况下，姚喆和白成铭率部队在绥西坚持斗争六个多月，战胜了敌人冬季大扫荡和全面封锁。

到1944年，在党中央的领导和大青山抗日游击根据地军民的努力下，大青山抗日游击根据地基本恢复。1945年7月，塞北军分区改为绥蒙军区，姚喆任司令员，率部队配合晋绥和晋察冀部队展开对日、伪的全面反攻，为夺取绥蒙地区抗日战争的最后胜利作出了贡献。

14

高凤英烈士使用过的镰刀

名称：高凤英烈士使用过的镰刀
年代：抗日战争时期
质地：铁、木
尺寸：镰刀长43厘米，宽14厘米
质量：295克

镰刀为铁质刀身，木柄。曾是高凤英烈士在抗日战争时期使用的护身武器。

高凤英（1909—1941年），原名云吉祥，蒙古族，今呼和浩特市新城区保合少村人。

1929年，高凤英加入中国共产党。1930年春，到外蒙古学习。1935年春，回国开展地下斗争。

1937年10月，在归绥沦陷前，高凤英与杨植霖等人在归绥城东罗家营子一带，发动汉蒙群众组织抗日武装。1938年6月，高凤英与杨植霖等人组建"抗日团"，战斗在归绥周边及大青山南麓。1939年，高凤英奉命调到归绥的地方动员委员会做群众工作，频繁活动于奎素沟一带，积极开展群众抗日救亡活动。

1940年秋，高凤英奉命接替李森担任蒙古抗日游击队队长。为了提高部队的军事素质，他与游击队党支部书记毛汉英、指导员徐秉智带领战士们在万家沟进行了以山地作战为主的严格的军事训练，并开展以模范遵

高凤英、王聚德等烈士牺牲处

守三大纪律八项注意为主要内容的政治思想教育。通过这次整训,部队的军政素质有了明显提高,大大提升了战斗力。此后,他带领蒙古抗日游击队,不仅多次配合主力部队作战,而且出色完成了独立作战任务。高凤英还为动员蒙古族群众抗击日军,做了大量的工作。

1941年下半年,大青山抗日游击根据地进入最困难的时期。高凤英带领蒙古抗日游击队担负掩护绥察区党委,绥察行署机关和绥西地委、专署的任务,经常活动在绥西万家沟一带。同年10月27日,高凤英与绥察区党委社会部部长王聚德带领部分机关工作人员和游击队员,在万家沟小火烧游击队营地住宿。由于叛徒告密,日寇出动12辆军车包围了小火烧。敌人以猛烈的火力封锁游击队居住的窑洞,高凤英指挥游击队奋力反击。最终寡不敌众,高凤英、王聚德等12位抗日英雄壮烈牺牲。

15

李森在大青山抗日游击根据地使用的子弹袋

名称：李森在大青山抗日游击根据地使用的子弹袋
年代：抗日战争时期
质地：布
尺寸：长71厘米，宽12厘米，厚0.38厘米
质量：174.2克

子弹袋由绿色帆布制成，两端蓝色布条可通过铁扣相接。李森在大青山抗日游击根据地从事抗日斗争时，使用过该子弹袋。

李森（1902—1987年），蒙古族，又名小才，今呼和浩特市土默特左旗人。

1927年，李森加入中国共产党。在中共西蒙工委领导下，在内蒙古西部地区以及"老一团"从事地下工作，出色地完成了党交给他的各项任务。

大青山抗日游击根据地开辟后，他积极开展争取伪军和发动蒙古族群众的抗日斗争。1939年，李森与贾力更组建了蒙古抗日游击队，任队长。他还担任中共绥西地委蒙古工作委员会主任。李森出入于日寇统治严密的归绥，做了大量的发动各族群众抗日，争取伪军、伪政权、伪保甲团人员，搜集传递日伪情报，征集运送抗日物资和武器弹药等工作，成为智勇双全的传奇人物。1941年至1943年，党组织派李森赴延安民族学院和西北党校学习。之后又奉派到伊盟工作，任中共三段地工委游击大队队长。

抗日战争胜利前夕，李森回到归绥地区，在城里城外广泛开展争取伪

李森在大青山抗日游击根据地使用的皮背包　　　李森穿过的风衣

军起义的工作，取得了巨大成效。日本投降后，李森参加组建了共产党在解放战争时期的第一支蒙古族革命武装——蒙古骑兵独立旅，任副旅长、党总支书记。以后他相继担任内蒙古自治运动联合会委员、内蒙古自治政府委员、察哈尔盟公安局局长等职。

中华人民共和国成立后，李森历任绥远省蒙古工作委员会负责人、绥远省民族事务委员会副主任、省人民政府监察委员、内蒙古自治区民族事务委员会副主任、中国人民政治协商会议内蒙古自治区委员会副主席等职。

16

彭德大烈士使用过的马镫

名称：彭德大烈士使用过的马镫

年代：抗日战争时期

质地：铜

尺寸：高15厘米，踏板直径11.5厘米

质量：1.1千克

马镫为铜制，圆形踏板，梁上烧有景泰蓝，是彭德大烈士在大青山抗日游击根据地使用过的马具。

彭德大（1914—1940年），又名润俚，江西省吉水县人。1928年参加家乡的游击队。1929年加入中国共产党。1930年10月参加中国工农红军，先后在红十二军、红九军团政治部任文书、秘书等职，参加过长征。

1938年6月下旬，八路军一二〇师决定由三五八旅七一五团和师直骑兵连组成八路军大青山支队，彭德大任政治部主任，参与创建大青山抗日游击根据地。

1939年6月，八路军大青山骑兵支队建立，彭德大仍任政治部主任。彭德大和陈刚等人指挥绥西部队，为发展和巩固绥西游击根据地作出了巨大贡献。他按照中国共产党统一战线政策，团结一切可以团结的力量，建立广泛的抗日民族统一战线。从抗日大局出发，亲自写信给国民党自卫军军官、蒙古族绅士，或上门拜访，对他们晓以民族大义，用实际行动感化那些有爱国思想的人，争取他们团结抗日，争取了不少自卫军官兵共同抗

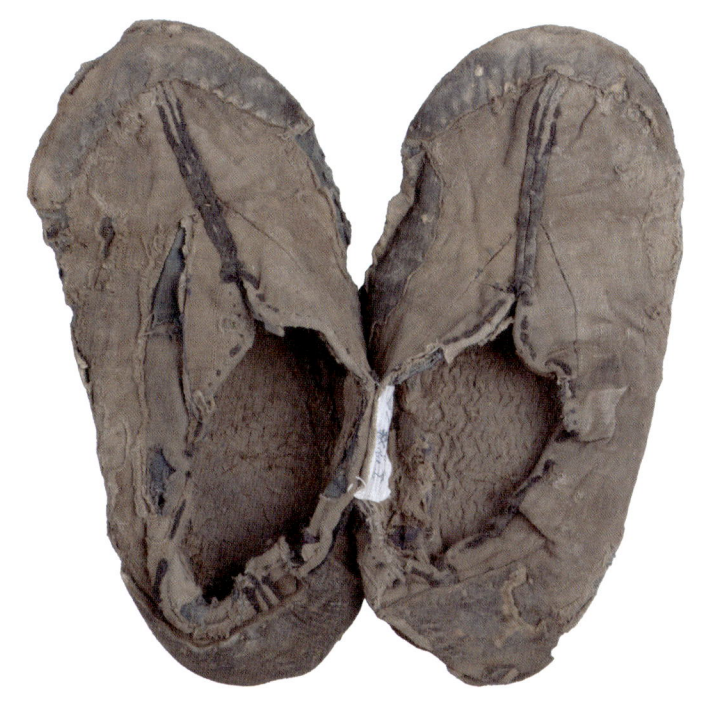

彭德大烈士穿过的棉布鞋

日。同年秋天，彭德大被任命为大青山抗日游击根据地统筹统支物资筹备委员会主任，主持筹集物资工作。他不仅解决了部队的物资供给问题，还同各界人士建立了广泛的联系，使共产党的抗日民族统一战线政策发挥了巨大的作用。

1939年底，国民党掀起第一次反共高潮，大青山地区的国民党自卫军也不断制造摩擦。为了巩固大青山抗日游击根据地，粉碎国民党顽军降日反共阴谋，彭德大等组织了绥西地区的反顽斗争。

1940年3月，彭德大等指挥绥西部队向准备投日的国民党自卫军总指挥部发起突然攻击。战斗进展得非常顺利，敌人主要指挥体系土崩瓦解，反共投敌的阴谋彻底破产。就在战斗结束阶段，彭德大不幸被流弹击中，壮烈牺牲，年仅26岁。

17

黄厚在大青山抗日游击根据地使用过的文件包

名称：黄厚在大青山抗日游击根据地使用过的文件包
年代：抗日战争时期
质地：皮、铁
尺寸：长33.5厘米，宽23.4厘米，厚1.5厘米
质量：457.3克

文件包为长方形，通体皮制，边缘镶拉锁，边角处有皮制拎手和金属卡扣。黄厚在大青山抗日游击根据地时使用此文件包。

黄厚（1912—1992年），1912年12月出生于江西省安福县柘田乡。1930年10月加入中国共产党，之后参加了中国工农红军。土地革命时期，黄厚参加了湘赣苏区的第二至第五次反"围剿"斗争和二万五千里长征。1937年，抗战爆发后，黄厚任八路军一二〇师三五八旅七一五团第三营机枪连政治指导员，随大部队进军晋西北，参与创建晋西北抗日根据地。

1938年8月，黄厚率所在连队编入八路军大青山支队，在李井泉、姚喆、彭德大等同志率领下从晋西北根据地挺进绥远地区。在大青山上，黄厚参与指挥创建和发展大青山抗日游击根据地的一系列战斗。1942年秋，日伪军出动数万兵力，对大青山抗日游击根据地发动了规模空前的大扫荡。面对来势汹汹、数十倍于己的大股敌人，黄厚跟随姚喆司令员，在绥西地区指挥骑兵第三团及地方游击队，粉碎了敌人的数次进攻，毙伤日伪军300余人，取得了绥西反扫荡的胜利。敌人扫荡结束后，姚喆迫切需要

黄厚在大青山抗日游击根据地使用的手提箱

了解绥中地区的敌情和我方地下工作的情况，命令黄厚带领一个骑兵侦察班，潜入绥中地区执行侦察任务。为向晋绥军区司令员贺龙汇报大青山抗日游击根据地反扫荡后的情况，黄厚率骑兵连一路夜行晓宿，机智地绕过了敌人的数道封锁线，安全抵达晋西北偏关。1943年秋，塞北军分区从经过整训的骑兵第二团抽调两个骑兵连，组成一支骑兵大队，执行北返绥中地区的战略任务，黄厚再次临危受命，被任命为骑兵大队大队长兼政治委员。他率领骑兵大队自偏关出发进到蛮汉山区，依托绥南逐步向绥中发展，在武工队、游击队和人民群众的配合下，灵活游击，连战连捷，扭转了日军大扫荡之后的困难局面。1945年7月，抗日战争进入全面大反攻阶段。随即，在姚喆的指挥下，黄厚率领部队发动了对日军的大反攻，相继攻克武川、陶林、清水河等重要城镇，收复了大青山南北广大地区，夺取了大青山抗日游击战争的最后胜利。

中华人民共和国成立后，黄厚曾任内蒙古军区司令员等职。1964年被授予少将军衔。

18

四支队田恩民使用过的印章

名称：四支队田恩民使用过的印章
年代：抗日战争时期
质地：角、石
尺寸：长8厘米，宽3厘米

印章为石质，长方形，印面篆书"田恩民印"，印盒为角质。

田恩民（1919—1988年），今山西省洪洞县人。1937年，在山西太原成成中学读书，并加入太原成成中学师生抗日游击队，同年加入中国共产党。

1938年7月，由太原成成中学师生抗日游击队改编的战动总会抗日游击第四支队（简称四支队）在军事上划归大青山支队指挥。不久，田恩民所属的四支队随大青山支队挺进绥远敌占区。田恩民在前往大青山的行军途中，多次奉命担任前卫部队的侦察任务，并且在步兵改骑兵、扩大兵源等工作中，多次被支队派出单独执行任务。

1940年，中共绥远省委决定建立萨县抗日民主政权，任命田恩民为该县的第一任县长。他在工作中坚定执行抗日民族统一战线政策，团结当地有志抗日人士，深入群众，做宣传发动和调查社情的工作，经过一段时间的努力，萨县的工作开展起来了。1941年夏，田恩民被分配到绥东工作团开辟新区。他和梁劲秀带领的一个分团及游击队，配合骑兵二团消灭了马

抗日游击第四支队部分人员合影,前排左起:梁劲秀、朱志国、侯作贵;后排左起:杨文江、孙丕荣、田恩民

莲滩伪蒙古军,缴获了一批枪支、弹药、马匹,打开了新区局面。1942年初秋,日军调集两万兵力采取"铁壁合围"战术,对大青山根据地进行空前规模的扫荡。我军主力暂时撤离后,绥东地区环境日益险恶,在近两个月中,田恩民等失掉了与上级的联系,仍然坚持活动在集宁北部山区,最终率部队冲出扫荡之敌的重重包围,到达绥南蛮汉山。1943年初秋,田恩民、侯作贵等又被分配到绥南的丰镇、凉城一带开展工作。他们都出色地完成了上级交给的战斗任务。1955年,田恩民被授予上校军衔。

19

贾力更烈士从事地下工作时用过的货郎担

名称：贾力更烈士从事地下工作时用过的货郎担
年代：抗日战争时期
质地：木
尺寸：扁担长209厘米，宽5.30厘米
　　　货筐口径45.0厘米，高26.0厘米
　　　货箱长48厘米，宽35厘米，高40厘米
质量：8.51千克

货郎担由扁担、货箱、货筐、拨浪鼓、马扎等组成，是抗日战争时期贾力更化装成货郎从事地下工作的用具。

贾力更（1907—1941年），蒙古族，原名康富成，曾用名吉尔格勒。1907年5月，贾力更出生于土默特旗把什村。1922年进入土默特高等小学校读书。1925年就读于北京蒙藏学校时，加入中国社会主义青年团，后加入中国共产党。

1926年初，贾力更奉命前往广州，入毛泽东同志主办的第六期广州农民运动讲习所学习。毕业后受中共绥远地委领导，以国民党绥远特别区党部农民部特派员身份活动于归绥地区，从事农民运动。1929年，党组织委派贾力更前往外蒙古学习。1932年，被分配到赤色职工国际中国工人俱乐部工作。

1937年全面抗战爆发后，党组织派他回到绥远开展抗日斗争。他在归绥西边的打尔架村设立据点，以做小买卖为掩护，经常挑着货郎担进城串乡进行地下斗争。

贾力更烈士使用过的文具箱

　　1938年9月，贾力更等人与八路军大青山支队取得联系。他在土默川地区发动各族群众支援八路军创建大青山抗日游击根据地。1939年9月，贾力更担任中共绥远省委委员、中共土默特蒙古工委书记。1940年8月，任晋绥游击区行政公署驻绥察办事处（后改为绥察行政公署）蒙政处处长。

　　1939年至1941年，党中央发出为绥远地区培养抗日骨干的重要指示，贾力更、奎璧等人先后送三批各族青年70多人到延安参加革命，为党培养少数民族干部工作作出贡献。由于工作出色，贾力更被绥远省委指定为绥远地区参加中国共产党第七次全国代表大会的代表。

　　1941年3月，贾力更与姚喆同志带领一批青年赴延安学习。19日，行至张启明沟时与敌遭遇，突围时不幸牺牲，时年34岁。

贾力更烈士从事地下工作时穿过的牛鼻子鞋

贾力更烈士从事地下工作时穿过的棉袄

20

白生宝等老乡给八路军背上大青山的磨盘

名称：白生宝等老乡给八路军背上大青山的磨盘
年代：抗日战争时期
质地：石
尺寸：直径64厘米，高20厘米
质量：上扇重104.5千克，下扇重52.5千克

磨盘为石质，由上下两扇组成，凿刻条状凹槽，使用痕迹明显，是白生宝等老乡给八路军背上山的磨面工具。

1942年，在日军的疯狂扫荡下，八路军大青山支队三团后勤供给处转移到武川县李齐沟村南的骆驼场。因紧急行军，粮食加工困难很大。炊事员只能用石臼和铁钵把粮食捣成米粒状，再送到部队去熬成糊糊吃，有时因任务紧急，部队只得整煮粮食吃。

当时，村民刘双狮家有一副（两扇）重300多斤的石磨盘，想送给八路军。他找到身强力壮的白生宝和其他四位老乡，共同商量运送石磨的问题。那时，进骆驼场只有放羊人走出的羊肠小道，并且还有几处峭壁，稍不留意就会跌进深沟。当大家不知该怎么办时，白生宝说可以背磨盘进山。

于是，白生宝先把100多斤重的下扇磨盘捆在自己背上，拄着一截桦树棒启程了。他在刘双狮等五人的帮助下，艰难地把下扇石磨送到数十里外的供给处。第二天晚上，白生宝又背上重达200多斤的上扇磨盘，在大家的

帮助下出发了。走到难走的地方，大家用杠子抬；走到危险处，大家前拉后推，慢慢挪动。终于，他们把上扇磨盘也送到了供给处，解除了部队磨面吃粮的燃眉之急。

后来，八路军大青山支队三团后勤供给处转移了，这盘石磨就留在了大青山的骆驼场。中华人民共和国成立后，内蒙古博物馆革命文物工作者深入大青山普查革命文物，在骆驼场找到了这盘石磨。

21

八路军采购员张润喜买的春牛牌酱油的瓶子

名称：八路军采购员张润喜买的春牛牌酱油的瓶子
年代：抗日战争时期
质地：玻璃
尺寸：瓶高27厘米，腹径7厘米
质量：922.2克

  该酱油瓶由棕色玻璃制成，瓶身贴有标签，标签上印有"春牛牌"字样，是抗日战争时期八路军采购员张润喜从归绥城采购的酱油的瓶子。

  张润喜本是大青山井儿沟东窑子村的农民，抗战时期，他30多岁，身材高大魁梧，为人忠厚，人称"大润喜"。八路军到井儿沟后，他看到八路军打日本侵略者、除汉奸、剿土匪、帮老乡干活，就想为八路军做点儿事。

  当张润喜看到八路军战士中有很多南方的老红军不习惯吃当地的莜面、山药，爱吃辣椒时，就赶着毛驴白天从东窑子翻山下川，趁夜晚买回两麻袋辣椒和一些白菜送给八路军。从此，张润喜成了八路军的采购员，经常为八路军买油、咸盐、酱油、陈醋、毛巾、肥皂、牙刷及布匹等生活用品。有时，张润喜还冒着生命危险，想方设法去采购纸张、油印机、药品、马鞍等军需物资。

  1939年秋，张润喜多次在晚上进归绥城，分别买回油印机、纸张等印刷用品，保障部队及时印出了战报和传单。随着斗争环境的变化，八路军

大青山骑兵支队使用的马鞍

伤病员逐渐增多,张润喜又到归绥城采购药品。当了解到在药店买药要有人担保时,他就到城郊乌素图村找支持抗日的熟人卜存良,利用卜存良是坝口子伪警察署署长的关系,找到家住坝口子的市医院院长阎喜台。阎喜台害怕给八路军买药会有危险,张润喜就多次给他讲道理,让他为抗日办点儿好事,帮助八路军赶走日本侵略者。阎喜台答应了张润喜的要求。一个月后,阎喜台买了三箱子各种药品,送到卜存良家。张润喜赶着毛驴把药驮回井儿沟,交给八路军。

1940年,大青山骑兵支队增添了200匹马,因没有马鞍,不能骑用,于是,姚喆司令员派张润喜进归绥城采购马鞍。张润喜身穿长袍马褂,头戴狐皮帽,扮成富商,骑马踏雪,当晚到城郊一个亲戚家住下。了解到城里的一家马鞍铺有货后,张润喜第二天来到该铺店,买下200副马鞍,然后把马鞍翻墙运出,装在事先安排好的伪乡长派来的大车上,以伪乡长的名义,趁夜将马鞍拉到乌素图,转运进井儿沟。马鞍刚运进山,就被日伪军发现了。日军当即出兵追击,但未找到张润喜的影子。从此,日军知道山里有个"八路采购"常进出归绥城,就千方百计想抓住他,但张润喜在群众的掩护下,直到抗战胜利,也没有被日军找到。

正是许多像张润喜这样不畏艰险、不怕牺牲的"八路采购",保障了八路军的物资供给,使八路军在极其艰苦的环境下成长壮大,最终取得抗日战争的全面胜利。

22

抗日积极分子张兰女做鞋使用的针锥子

名称：抗日积极分子张兰女做鞋使用的针锥子
年代：抗日战争时期
质地：铁、木
尺寸：长12厘米，最宽直径3厘米
质量：19.4克

　　该针锥子由木柄和铁锥头构成，是抗日战争时期支前妇女张兰女给大青山的八路军做军鞋用的工具。

　　大青山抗日游击根据地创建后，为积极发动群众，组织地方游击队，配合主力队伍灵活开展游击战争，武川县相继建立了多个动委会，李齐沟属于八区动委会管辖。

　　最初，李齐沟等地区的妇女由于受封建礼教的禁锢，不愿也不敢抛头露面参加社会活动，这给动委会开展妇女工作带来了困难。针对这种情况，八区区长郝秀山带领全体工作人员走村串户，耐心宣传共产党的革命道理和男女平等观念，号召不论男女，人人有责，参加抗日救国运动。通过八区动委会的努力，妇女救国会和妇女小组在八区的根据地内秘密组织起来。在八区动委会的领导下，妇女们积极投入抗日救国运动，为八路军做军鞋、军衣，给部队和机关磨面、传递情报、护理伤员等。

　　李齐沟的张兰女就是这些妇女中的一员。当时的李齐沟是八路军三团的后方基地——骆驼场的北部出山口，便于军需物资的转运。张兰女与同

张兰女做军鞋用的皮护具

大青山百姓给八路军做的布鞋

红色宝藏 —— 内蒙古博物院馆藏革命文物

村的妇女利用这一有利条件，经常为八路军提供军需物资和情报。

1944年，在乌良石太战斗结束后，八路军的衣服几乎全部被荆棘挂烂，张兰女带领全村几十名妇女夜以继日地将二百多件军衣清洗干净并补好送回战士们手中。冬天来临之际，驻李齐沟的八路军部分指战员仍穿着单衣，在部队搞到布匹后，张兰女和其他妇女起早贪黑做了几百件棉军衣，解决了战士们的过冬问题。张兰女还和七十多岁的婆婆仅用五天时间就为八路军做了五双牛鼻子鞋。张兰女的家也是八路军的转运站。其他地方送来的粮食、布匹、军鞋、日用品、药品等，都是先寄存在她家，然后秘密运进骆驼场。有一次，张兰女去察素齐走亲戚时被抓捕，敌人对她严刑拷打，问她八路军后勤处、军需库在哪里，还问她给八路军做了多少衣服、鞋袜，她始终未招。后经多方营救，她才逃出虎口。

像张兰女一样的支前妇女，在大青山抗日游击根据地还有很多很多，她们以实际行动支援大青山八路军的抗日活动，是全民抗战的真实写照。

23

大青山骑兵游击队用的子弹袋

名称：大青山骑兵游击队用的子弹袋
年代：抗日战争时期
质地：棉麻纤维
尺寸：长170厘米，宽9.5厘米，厚0.2厘米
质量：130.3克

　　该子弹袋用白色棉布缝制，是大青山骑兵游击队在旗下营一带建立地下军服厂的历史见证。

　　1940年，大青山抗日战争进入相持阶段，环境条件极为艰苦。虽然已经到了夏天，但许多战士换不上单衣。为解决服装更换的问题，大青山骑兵支队司令员姚喆指示活动在旗下营一带的梁劲秀等人购买布匹、缝纫机，开办地下军服厂，为部队赶制夏装。

　　最初，军服在旗下营裁缝赵永的家里缝制，但旗下营有日军的据点，此举太过冒险。后来，在一间房村的乡长杨大所和乡差康五秃的帮助下，赵永和丁凤岐等四五名裁缝，带着四台缝纫机离开旗下营，来到离旗下营约十里的脑包沟村，在一老乡家办起地下工厂。

　　地下军服厂建立后，为预防敌人的破坏和袭击，先后转移到脑包沟村、庙沟村、西梁村和公庆沟村，最后又转移到西梁村。地下军服厂虽先后转移四次，但无论搬到哪里，与敌人的据点相距都不过十余里，风险是很大的。

大青山游击队队员用的布挂包

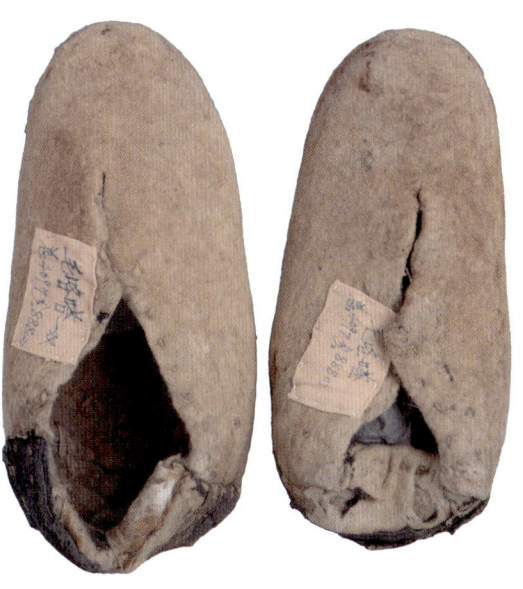

大青山八路军战士穿的毡疙瘩

红色宝藏——内蒙古博物院馆藏革命文物

场地问题解决后，最困难的是布匹问题。敌人封锁严密，军服厂的同志只能化装成老百姓，到镇里和镇周围的地主与商人家，讲抗日政策，动员他们捐钱捐布。同时军服厂还广泛发动群众，通过各种渠道购买布匹。

在布匹问题解决后，缝纫机的问题又出现了。根据地的战士急等着换军装，但军服厂只有四台缝纫机，远远不能满足工作需求。为尽快完成军服的生产任务，军服厂的同志们做通旗下营一名裁缝的工作，他带着自己的两台缝纫机和三四名裁缝一同来到西梁村。为不引起敌人的怀疑，他们白天揽活做民衣，晚上到西梁村做军服。

为保障军服厂的安全，军服厂的同志轮流在军服厂周边的山上放哨，若发现有陌生人就赶紧通知军服厂停止做衣，以免传出声音，发生意外。

到1941年春夏之交时，地下军服厂胜利完成任务，总共缝制了500多套军衣、500多副绑腿、500多条子弹袋。在军服制作任务完成后，当地群众在没有部队掩护的情况下，将这些服装等肩担手提、驴驮马载，披星戴月地转运到了根据地。

24

刘洪雄烈士的带相框照片

名称：刘洪雄烈士的带相框照片
年代：抗日战争时期
质地：纸、木
尺寸：长23.8厘米、宽16.75厘米、厚1.15厘米
质量：254.7克

照片是黑白全身照，木相框呈红褐色。

刘洪雄(1907—1940年)，曾用名王典，今呼和浩特市滕家营村人。1924年，考入山西省太原国民师范学校。在这里，他开始接触马列主义思想，参加进步活动。1926年夏天，刘洪雄在太原加入中国共产党。

1927年，党组织派刘洪雄到北平门头沟煤矿从事矿工工作。1932年，到东北抗日义勇军第三路军某师任通讯大队队长和支队长，从事地下工作。1933年，到察哈尔民众抗日同盟军工作，任团长。察哈尔民众抗日同盟军失败以后，他回到归绥家乡从事地下工作。1934年春天，刘洪雄被聘为归绥县保合少私立名言小学教师。他以名言小学为据点，在学生中播撒革命的种子，创办农民夜校，宣传抗日。

七七事变以后，刘洪雄等人设法组织抗日武装，开展武装抗日斗争。1938年春，受杨植霖委托到晋西北向八路军一二〇师汇报绥远敌占区的情况，并请求八路军挺进绥远敌占区，开展抗日武装斗争；8月，刘洪雄与八路军大青山支队一起返回绥远。返回大青山后，党组织派刘洪雄秘密潜入归绥开展地下工作。刘洪雄打入伪协和安民救国军任旅长，后打入厚和市日本宪兵队当参谋。刘洪雄以这些公开职业为合法身份，开展地下斗争。1939年5月，中共绥远省委又派宁德青进入归绥，与刘洪雄共同开展地下工作，组织起了绥蒙各界抗日救国会。1940年初，中共归绥工委成立，刘洪雄任组织部长。他收集敌方政治、军事情报，筹集粮款，购买枪支弹药等军用物资，支援大青山抗日游击根据地。

1940年8月，由于叛徒告密，刘洪雄被捕。日军宪兵队对他进行了极为残酷的刑讯。他的腿被压断，手指被烧焦，但他依然保持共产党员的气节，誓死与敌人斗争到底。9月，他被敌人残忍杀害在刑讯室中。

扫码寻找
听·文物会说话
观·文物记录片
阅·历史档案夹
记·阅读摘录本

25

郝登鸿烈士收藏文件的绣花褡裢

名称：郝登鸿烈士收藏文件的绣花褡裢

年代：抗日战争时期

质地：布

尺寸：长45厘米，宽17厘米

质量：106克

绣花褡裢用黑绒布缝制，上绣飞蝶和花卉图案，两端用黄线缝口，中间有一隐蔽的夹层，用以秘藏文件。它是郝登鸿烈士在归绥地区开展党的地下工作时的重要用具。

郝登鸿（1913—1945年），陕西省横山区人。1937年，郝登鸿在党组织的安排下进入中央党校学习，并加入中国共产党。学业结束后，郝登鸿被分配到八路军一二〇师工作。

1938年，郝登鸿被选入开辟大青山抗日游击根据地的干部队伍，随部队北上。到达大青山地区后，党组织派他和刘洪雄潜入归绥，开展地下斗争。郝登鸿利用关系打入伪协和安民救国军，化名乾光，以团副官的身份隐蔽下来。郝登鸿和陆续潜入归绥的战友们搜集敌人的政治、军事情报，通过各种途径购买枪支弹药和粮食、棉布、皮衣、皮鞋、电池、药品、绷带等大批物资，暗中运往大青山抗日游击根据地，支援党的抗日武装斗争。他们还在归绥城内外秘密活动，发展党员，组建党支部，为领导归绥人民的抗日斗争做了大量工作。郝登鸿等人还积极在伪军内部宣传抗日救

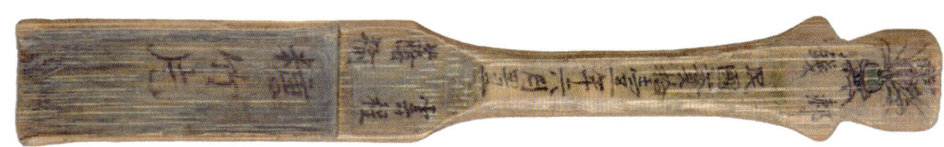

郝登鸿烈士使用过的槽竹片

郝登鸿烈士使用过的带鞘刺刀

亡思想，动员贫苦士兵倒戈抗日。当郝登鸿的行动被敌人察觉后，党组织通知他立即撤出归绥，他在撤退时成功地策动所在团部分伪军反正。

郝登鸿撤出归绥后，化名赵光，在归武区任工委书记兼动委会主任。他领导工委和动委会的同志们深入群众，宣传抗日民族统一战线方针和政策，并号召社会各界人士捐献军需物资，支援主力部队。

1940年2月，根据党中央开辟一条从大青山通往外蒙古的秘密交通线的指示，郝登鸿受中共绥远区委指派，化装成旅蒙商往来于两地，历尽艰辛，最终完成任务。

1945年8月，郝登鸿在前往商都与绥蒙区政府联系途中与土匪遭遇，不幸牺牲，时年32岁。

26 杨植霖草拟的《支部工作计划纲领》

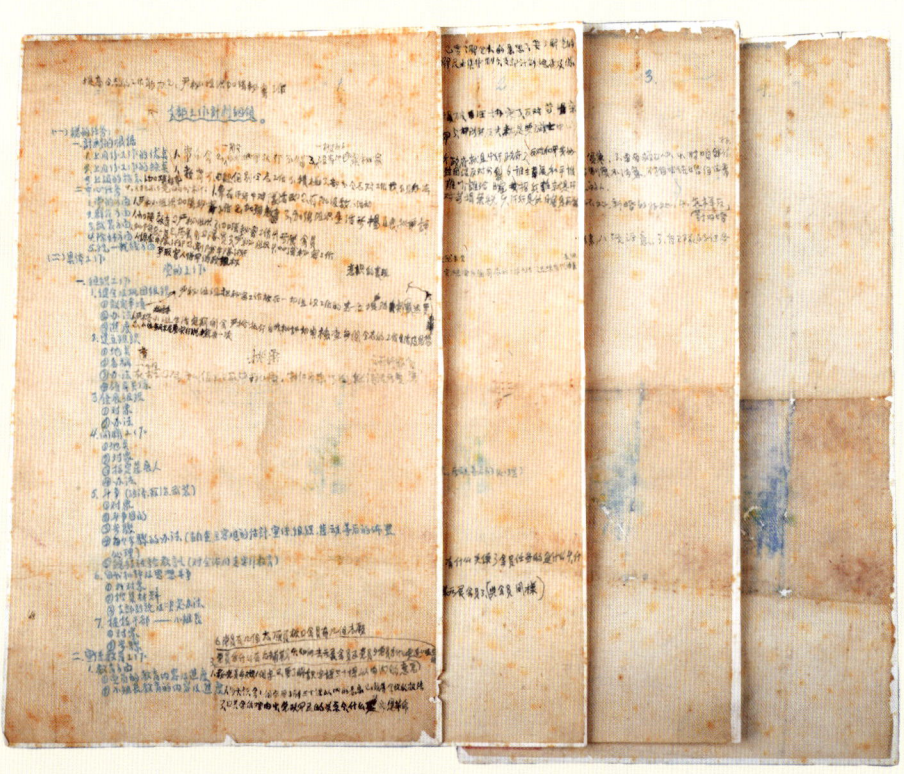

名称：杨植霖草拟的《支部工作计划纲领》
年代：抗日战争时期
质地：纸
尺寸：长34.2厘米，宽21.2厘米
质量：26.3克

此《支部工作计划纲领》分为总的任务、具体工作、救国会工作等几个方面，就党、群众、武装、除奸、统一战线等工作做了详尽的说明，是杨植霖在大青山抗日游击根据地草拟的党支部工作计划。

杨植霖（1911—1992年），今呼和浩特市土默特右旗毕克齐镇人。1930年加入中国共产党。1931年以毕克齐高小教师身份为掩护，开展地下活动，被捕后，在狱中参加了王若飞领导的对敌工作。1933年10月出狱后，在家乡继续开展革命活动。

抗日战争爆发后，领导和组织归绥县抗日救国会、抗日宣传队，开展游击战争。日军侵占绥远后，历尽艰辛与八路军一二〇师贺龙部取得联系，率部加入八路军大青山支队，杨植霖任八路军大青山支队绥蒙游击大队队长兼政委，在艰苦的条件下开展革命斗争工作。率游击大队袭击毕克齐伪警察署，活捉伪署长，缴获数十支枪和一批物资，并同大青山支队三营一连联合消灭三拐子土匪武装百余人，还先后组织动员三批青年到延安参加革命。

杨植霖的日记

杨植霖使用过的马褥套

1939年后,杨植霖任中共绥西地委书记、绥西专员公署专员、绥察办事处副主任、绥察行政公署主任等职。1942年,赴延安向毛泽东详细汇报绥远抗日斗争情况,后入中央党校学习。

杨植霖特别重视行署的法制建设,主持制定了《绥察行政公署施政纲领》,于1941年10月公布实施。这份草拟的《支部工作计划纲领》明确了绥察地区抗日政权的性质、任务、方针和一系列具体政策,目的是团结绥蒙境内抗日的各党各派各民族各社会阶层,保卫中国,驱逐日寇,建立新民主主义共和国。

27

大青山抗日游击根据地抗日标语

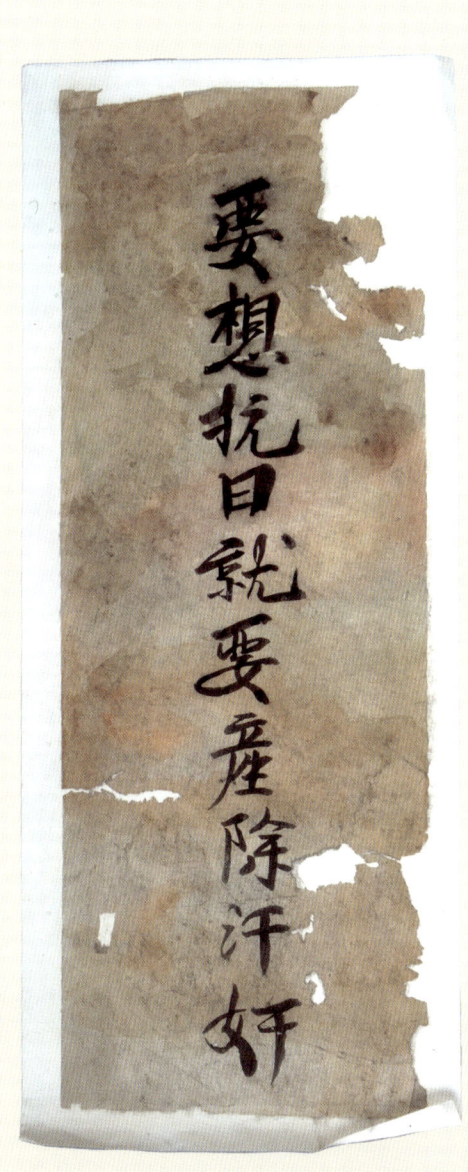

要想抗日就要铲除汉奸

名称：大青山抗日游击根据地抗日标语

年代：抗日战争时期

质地：纸

尺寸：长32.5厘米，宽11.7厘米

质量：42.9克

    标语为竖排，墨书，内容有"共产党是爱国爱民的党""反对中途妥协坚持抗战到底""要想抗日就要铲除汉奸""防共反共就是汉奸"等。

    大青山抗日游击根据地建立后，为推动根据地建设，扩大共产党和八路军的影响，八路军和游击支队及抗日民主政府运用抗日标语进行社会动员，团结各族人民共同抗日。

    抗日标语涉及的内容极为丰富，覆盖了社会生活的各个领域，但从根本上来讲，都是为抗战这一中心任务服务的。标语的内容是随着抗日战争不同阶段的实际需要制定的。在抗战初期战略防御阶段，标语的内容主要以保卫领土、全民团结抗战为主题。当抗日战争进入战略相持阶段后，标语的内容主要以反对分裂、动员全民大生产为主题。1939年，面对国民党推行的消极抗日、积极反共政策，"坚持抗战到底　反对中途妥协！""巩固国内团结　反对内部分裂！"等口号为全国人民指明了方向。内蒙古博物院收藏的这些标语就是这一时期书写的。当抗日战争进入战略反攻阶段后，标语的内容主要以争取最后胜利、实现民族解放为主题。

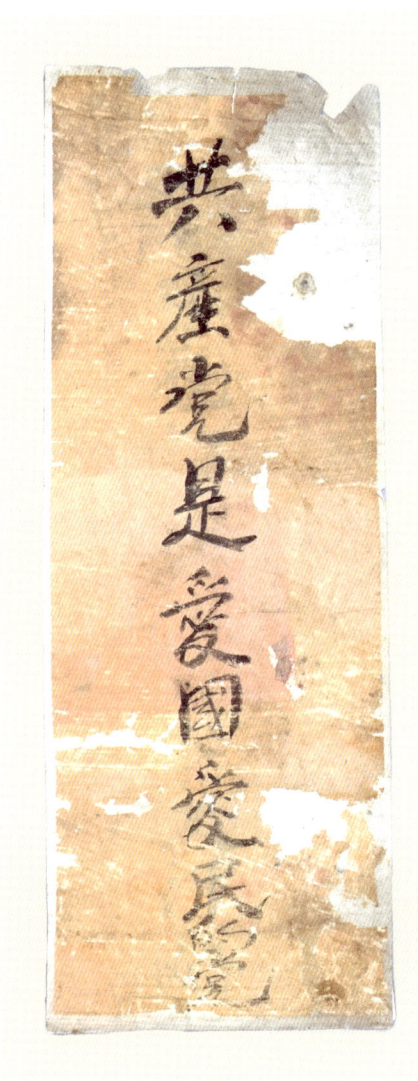 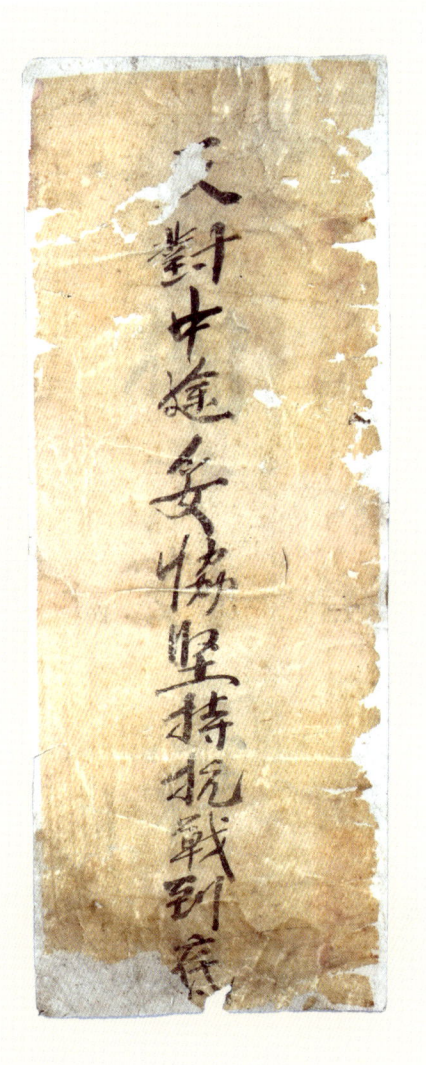

抗日标语

抗日标语将中国共产党重要的方针、政策简化为通俗易懂且符合民众接受能力的语言文字，鼓动中国人民为争取抗日战争最后的胜利而奋斗。

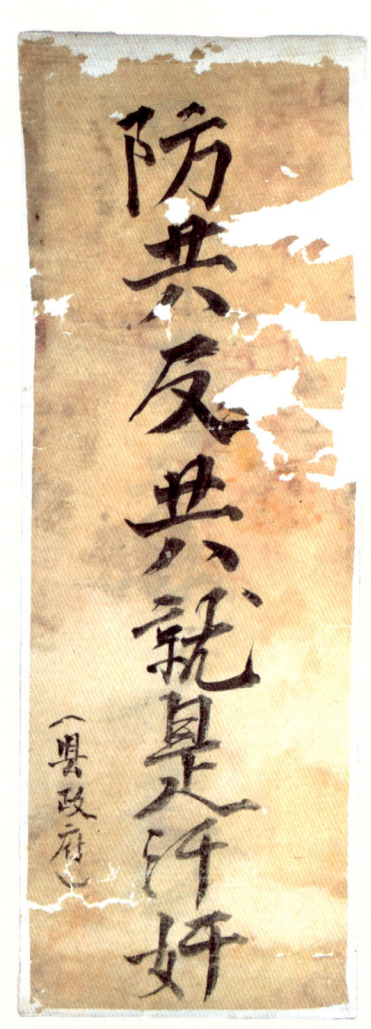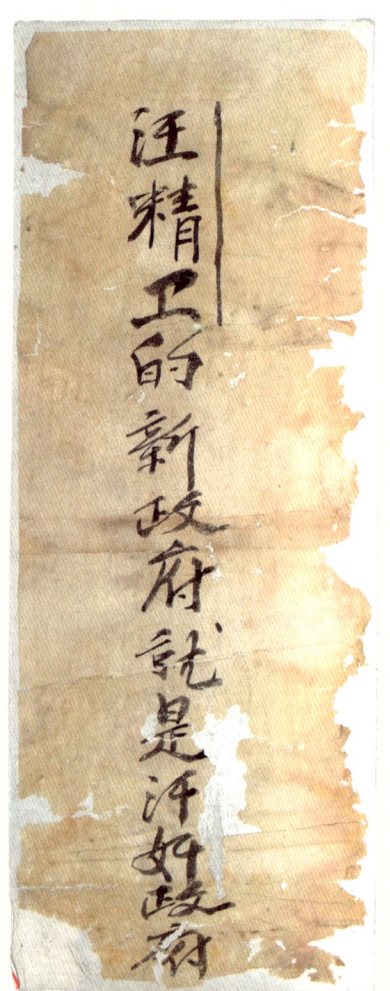

抗日标语

28

党员群众学习用的《识字课本》第三册

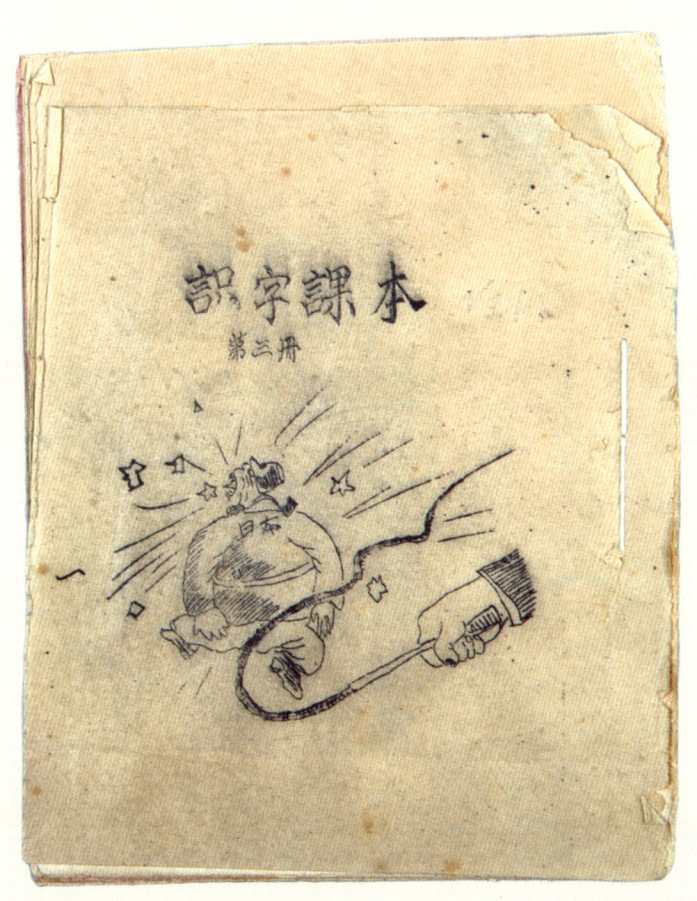

名称：党员群众学习用的《识字课本》第三册
年代：抗日战争时期
质地：纸
尺寸：长17.7厘米，宽14厘米，厚0.15厘米
质量：14.4克

这本《识字课本》为油印本，封面写"识字课本"，画着用皮鞭赶走日本兵的图画，装订简易。

抗日战争时期，为了建立和巩固抗日民族统一战线，中国共产党在敌后根据地大力推动根据地教育文化事业，发展以冬学民校为主要形式的成人扫盲教育和以小学教育为主体的学龄儿童教育。各抗日根据地都利用战争的间隙和冬令农闲时节，帮助人民群众扫盲识字，结合扫盲进行政治和抗日教育。

1938年10月，毛泽东在中共六届六中全会上，作《论新阶段》的政治报告，提出广泛发展民众教育，组织各种补习学校、识字运动、戏剧运动、歌咏运动、体育运动，创办敌前敌后各种通俗报纸，提高人民的民族文化与民族觉悟。

抗战时期，初等教育对小学生是以扫盲为任务、抗战为中心的。中国共产党的教育课本里面充满了爱国和抗日的内容。当时日本侵略者在沦陷区推行教育课本来进行奴化教育，在这样的背景下，更能体现出中国共产

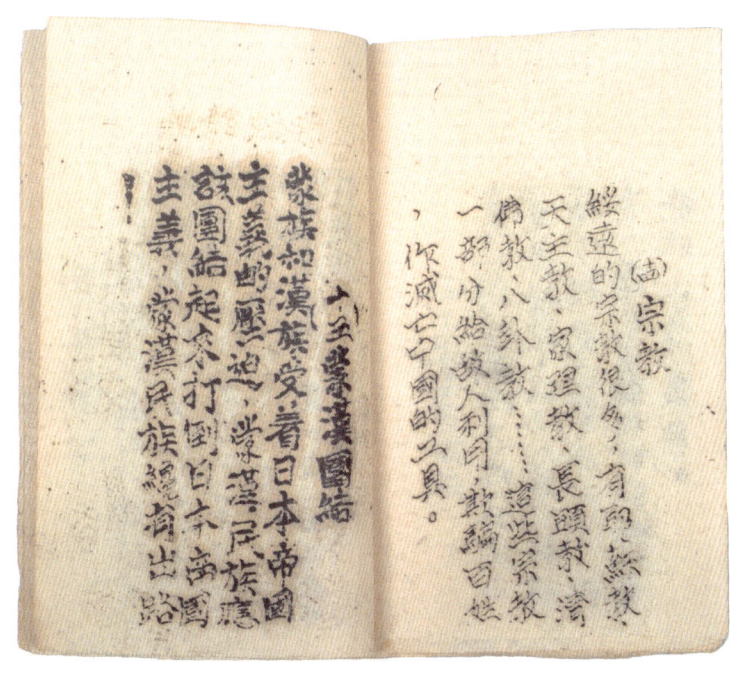

《识字课本》第三册内文

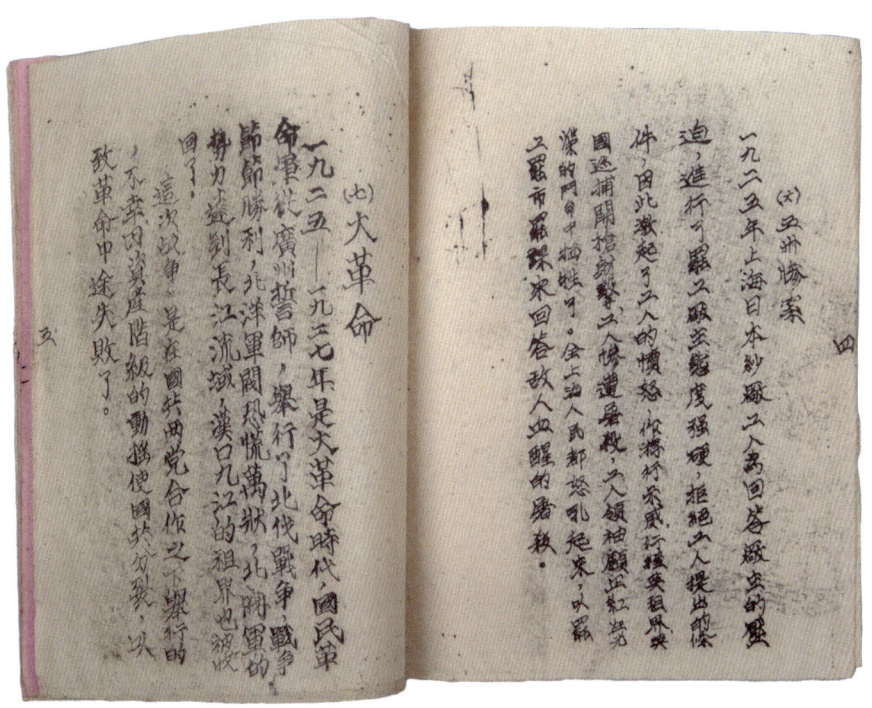

《识字课本》第二册内文

党员必須智識

一 什麼是階級
二 中國當前共階級
三 科學的社會主義（共產主義）
四 共產主義社會
五 共產黨與資產階級民主革命
六 共產主義與三民主義
七 共產黨的組織原則
八 共產黨與國民黨
九 抗戰中的兩條路線
十 什麼是磨擦
十一 八路軍和新四軍
十二 國際的友人和敌人
十三 目前的政治危机
十四 "反共防共"就是亡國
十五 無產階級怎樣才能勝利

《党员必读》

红色宝藏 ——内蒙古博物院馆藏革命文物

《识字课本》

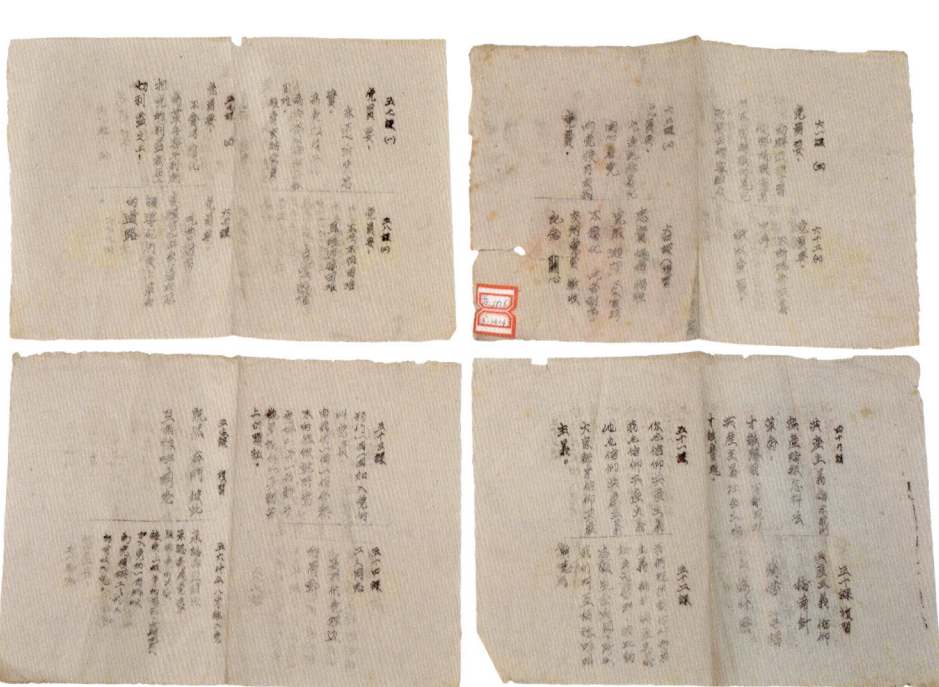

《识字课本》中的内容

党对小学生进行抗战教育的迫切性。在中国共产党推行的反奴化教育下，抗日根据地儿童从小就懂得天下兴亡、匹夫有责，他们顽强不屈，傲然地面对残酷的现实，如配合自卫队站岗放哨，查获敌探汉奸等，涌现出了许多抗日小英雄。

成年人受教育的需求同样迫切，各根据地运用识字组、夜校、半日校和冬学等各种形式开设扫盲班，还设立巡回补习学校到各地巡回扫盲。在这样的氛围下，边区扫盲运动发展迅速，大量青壮年能够识字，可以阅读抗日宣传材料，更有利于中国共产党唤醒民众、发动群众。

民众教育运动提高了农民的文化水平，为新中国成立后开展大规模扫盲运动奠定了坚实的基础。

29

第八路军绥蒙游击支队政治部印《为袭击缸房营子告同胞书》

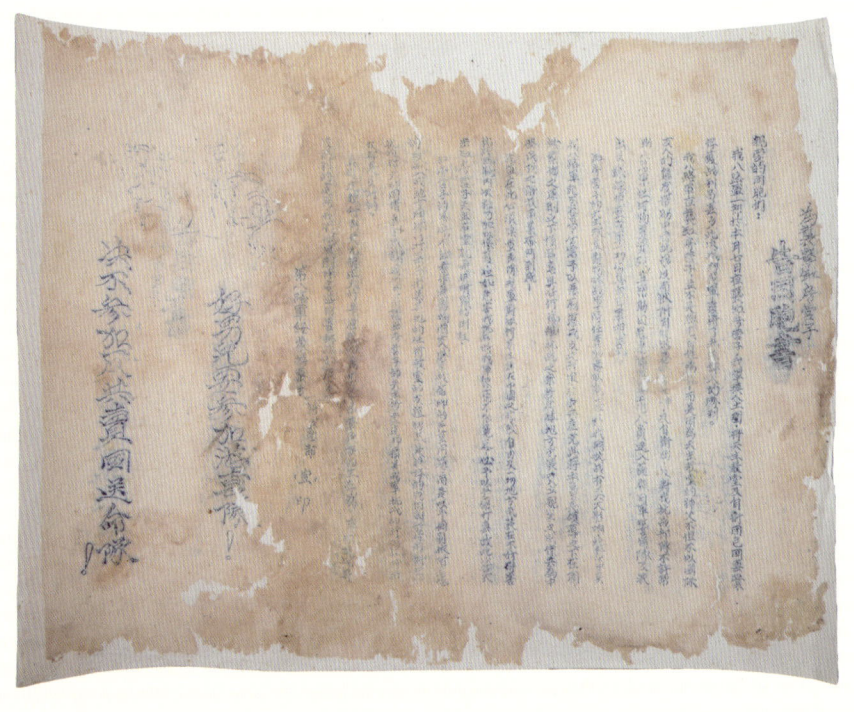

名称：第八路军绥蒙游击支队政治部印
《为袭击缸房营子告同胞书》
年代：1940年
质地：纸
尺寸：长33.5厘米，宽28厘米
质量：7克

该宣传单为单张蓝墨油印，全文竖书，右侧题名"为袭击缸房营子告同胞书"，中间为正文，左侧上部印有八路军战士形象，下印："好男儿要参加游击队！决不参加反共卖国送命队！"

1940年，经过反顽斗争，中共绥远省委建立萨县抗日民主政权。抗日民主政权成立后，积极开展宣传和组织群众抗日活动，在该县先后成立农民救国会、青年救国会和妇女救国会等抗日团体，还动员青年参军参战，建立起萨县游击队和孤雁村、白石头沟村、陶思浩村三支游击队，并以军事斗争为手段掩护地方工作，伺机惩治汉奸、特务，筹集物资，支援根据地。

当工作开辟到靠近包头郊区的缸房营子一带时，组织建设、物资筹集等工作都遇到了阻力。经过调查了解，缸房营子一带受缸房营子天主教堂的控制，而缸房营子天主教堂是整个绥西教区的一个大教堂，四位外籍神父凭借"民团"武装，阻挠信教群众支援抗日救国，限制群众接近抗日政权工作人员，不准群众给八路军捐献物资，还依附日本侵略军，为日本侵略军传送抗日队伍的活动情报。面对这种情况,萨县抗日民主政权领导写信对外籍神父提出忠告,但他们置若罔闻。1940年6月5日,经请示上级批准,大青山游击支队三个骑兵连夜袭缸房营子"民团",缴获许多枪支弹药、大批粮食和衣物。同时,以第八路军绥蒙游击支队的名义印发《为袭击缸房营子告同胞书》宣传单,说明事实真相,宣传抗日救国政策,防止敌对分子乘机扩大事态,滋事生非。自从广泛散发这份传单并辅之积极的宣传、组织工作后,绥西地区的抗日救国工作逐步开展起来。

扫码寻找

听·文物会说话
观·文物记录片
阅·历史档案夹
记·阅读摘录本

30

绥蒙游击支队政宣部翻印的《争取时局好转的十大任务》

红色宝藏——内蒙古博物院院馆藏革命文物

名称：绥蒙游击支队政宣部翻印的《争取时局好转的十大任务》
年代：1940年
质地：纸
尺寸：长34.6厘米，宽24厘米
质量：6.8克

这份绥蒙游击支队政宣部翻印的《争取时局好转的十大任务》，是1940年毛泽东在延安反汪大会上的讲话摘录。

卢沟桥事变后，汪精卫集团到处散布抗战必败的妥协投降观点。1939年12月，汪精卫集团与日本政府秘密签订《日支新关系调整要纲》及《秘密谅解协议》。通过对中国主权的出卖，汪精卫集团取得了日本对其傀儡地位的最后认可。

这件事情被揭露后，举国上下迅速掀起大规模声讨汪精卫叛国集团的运动。1940年1月28日，中共中央发出由毛泽东起草的《克服投降危险，力争时局好转》的党内指示。全国各地群众纷纷响应号召，举行民众大会，全国掀起反投降、反汉奸的热潮。同年2月1日，"反汪大会"在延安召开，三万多名群众参加了这次活动。会上，大家对汪精卫叛国集团出卖国家利益、分裂国家领土等行为进行了强烈的谴责，并一致通过了毛泽东为大会起草的声讨汪精卫的通电。

《争取时局好转的十大任务》这个决定针对当时汪精卫叛国投敌，

国民党投降与倒退的倾向，提出了发展抗日进步力量，争取时局好转，避免时局逆转所必须执行的十项任务。体现了中国共产党不畏牺牲，坚持抗战，夺取最后胜利的决心。

扫码寻找
听·文物会说话
观·文物记录片
阅·历史档案夹
记·阅读摘录本

31 绥东工委会大丰凉左县政府临时公用粮票

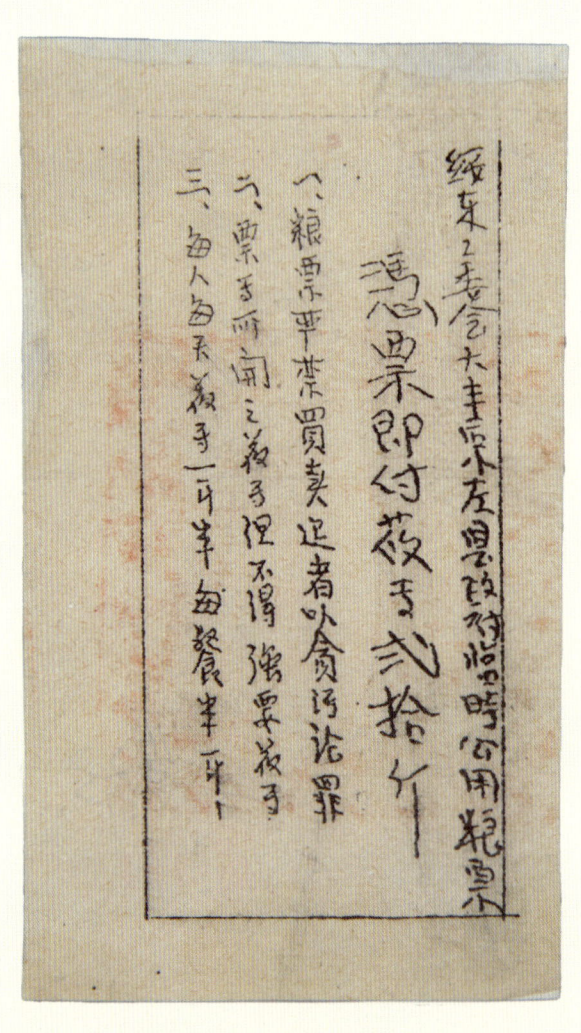

名称：绥东工委会大丰凉左县政府临时公用粮票
年代：抗日战争时期
质地：纸
尺寸：长12.2厘米，宽7.1厘米
重量：1克

粮票为油印，竖书。公用粮票是为方便部队、地方政府工作人员外出行军打仗和出差的需要发行的。

1938年10月，八路军一二〇师独立六支队进入马头山地区，成立了中共左右凉丰工作团，陈一华（陈凯）任主任，鲁平（贺德胜）任副主任兼武装部部长。工作团在独立六支队的配合协助下积极发展抗日武装，巩固和扩大马头山抗日游击根据地，遂筹组左右凉丰（左云、右玉、凉城、丰镇）抗日民主县政府，点燃了丰西地区的抗日烽火。

1939年2月，工作团在凉城二峦子沟召开会议。会议研究了马头山根据地的政治、经济、党建和对敌武装斗争等问题，决定正式成立左右凉丰抗日民主县政府，鲁平任县长。

1939年底，根据对敌斗争形势的发展，奉命撤销了中共左右凉丰工作团和抗日民主县政府，留下武装力量坚持马头山的对日斗争。

1940年春，在马头山地区组建中共大丰凉左（大同、丰镇、凉城、左云）县政府，开展抗日游击战争。同年5月7日，驻守马头山抗日游击根据

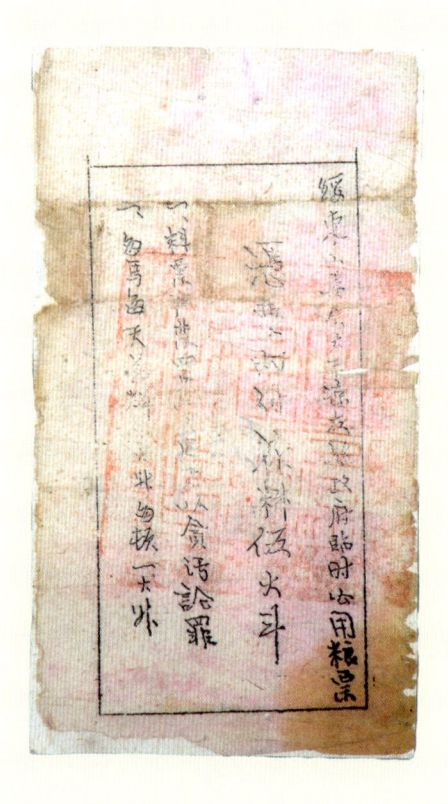 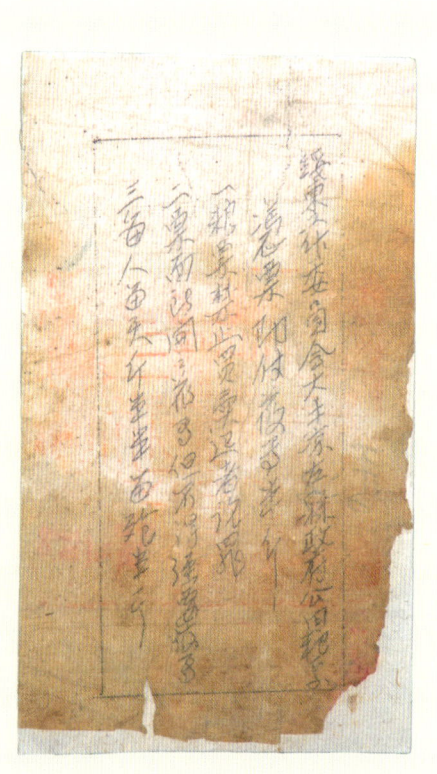

莜面票

地的警备六团二连连长陈玉麟率部哗变,将大丰凉左县县长李子恩(兼警备六团营教导员)杀害于大同蔡家窑村。同时被害的还有教育干事解韬和三个排长。大丰凉左县政府和地方党组织遭到了严重的破坏。

1940年8月上旬,警备六团为加强大丰凉左抗日斗争的武装力量,开辟巩固大丰凉左抗日敌后根据地,逐步恢复了大丰凉左抗日县政府建制。该县政府复建后,继续以弥陀山麓为依托,活动在今拒门堡、贾什队、蔡家庄、阎家窑、拒墙堡和新荣镇所辖地区以及丰镇、凉城部分地区。1941年5月,大丰凉左县县政府撤销。

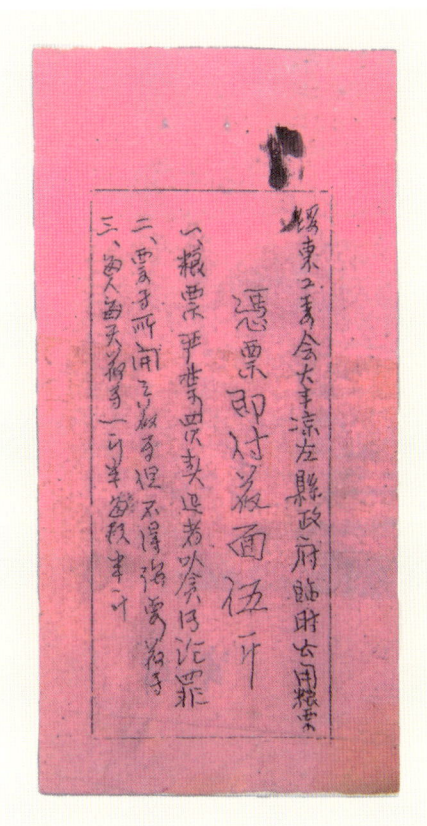 

莜面票

32 李含英任托县县长的托克托县政府通令

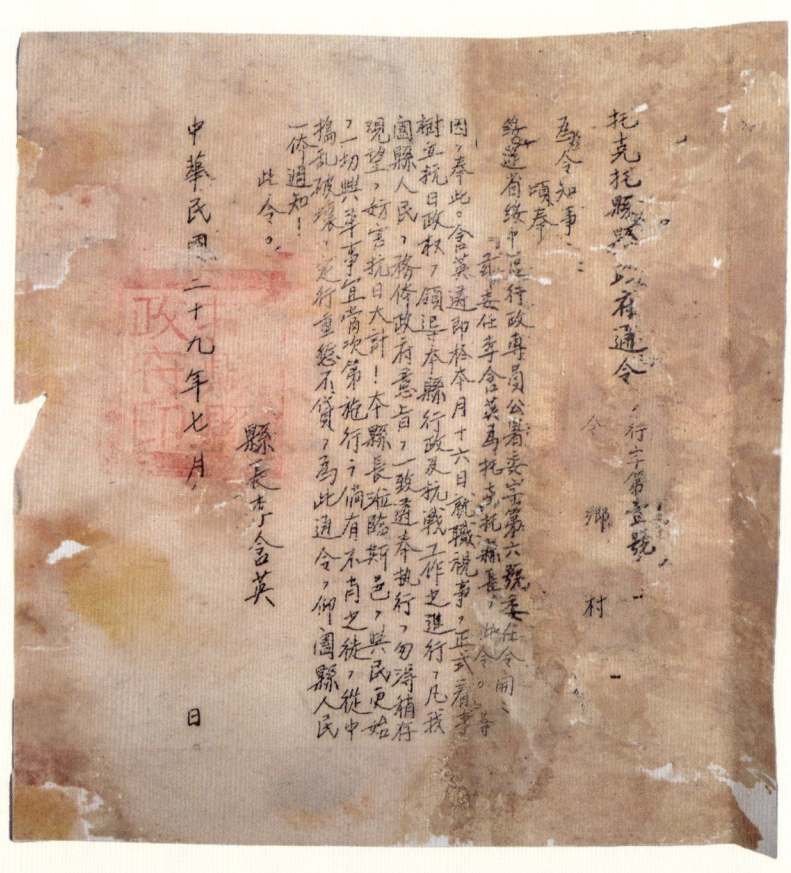

名称：李含英任托县县长的托克托县政府通令

年代：1940年

质地：纸

尺寸：长25厘米，宽25厘米

重量：5.8克

此文件纸质发黄，竖排书写，末尾处盖有印章，是委任李含英为托克托县县长的政府通令。

李含英（1913—1940年），山西临县人。1929年，16岁的李含英徒步走到太原，为了筹集上山西第一师范的学费，在太原的觉民书社做了伙计，结识了山西共产党地下党组织成员，读了许多马列著作后更加坚定了自己的政治信仰，便毅然加入中国共产党。一年后，李含英用攒下的辛苦钱缴了学费，终于进入师范大门。毕业后，受党组织派遣，李含英到清徐县徐沟镇学校担任校长，实际是这个地区地下党组织的负责人。

西安事变后，李含英受党中央委派到临县担任战地总动员委员会主任，与第二战区民族革命战争战地总动员委员会主任续范亭密切配合，与国民党顽固派进行了针锋相对的斗争，为党中央筹集资金立了大功。在一次募捐资金时，他给碛口一家字号"德泰渊"的商铺下达了支援抗日的任务。字号掌柜是李含英的三叔李文著，东家接到通知后找到李文著说："咱侄儿在动委当主任，你找他请以减免。"第二天，李文著找到李含英说明来意。谁知李含英笑着对叔父说："你们应支持我的工作。抗日是国家大事，怎能徇私舞弊？不要说向'德泰渊'筹集大洋，就是和三叔你要，你能不给吗？"李文著回到磺口，如实告知东家。在"德泰渊"的带动下，磺口各商号纷纷超额完成任务，为抗日支前起到了表率作用。

后来，李含英随八路军大青山支队挺进绥远敌占区，开辟大青山抗日游击根据地，任战地总会晋察绥地区工作委员会总务处处长。1940年初，中共绥西地委决定成立中共托克托县工委，任命高万章为工委书记，李含英为工委委员兼托克托县县长。县工委领导下的抗日救亡斗争鼓舞了广大群众的士气，同时也引起了敌人的注意和地方反动势力的仇恨。

1940年5月，30余名日军根据汉奸提供的情报来到安民村，搜捕隐蔽在这里的大青山根据地物资筹备委员会的工作人员。大搜查过后，日军放火烧毁了村庄。高万章决定由李含英带一名通讯员回大青山，及时向上级汇报这一情况。当他们行至贾家营村时，被埋伏的汉奸扣捕，不久被害。

33

组织团结青年参加抗战工作的《青年救国会简章》

红色宝藏——内蒙古博物院馆藏革命文物

名称：组织团结青年参加抗战工作的
　　　《青年救国会简章》
年代：抗日战争时期
质地：纸
尺寸：长28.2厘米，宽26厘米
质量：6.6克

该简章由蓝色油墨印制，逐条列出青年救国会章程内容。

在抗日救亡运动深入发展的形势下，为了促使共青团更加适应这一新形势的发展要求，1936年11月，中共中央发出《关于青年工作的决定》，要求共青团对自身组织实行根本性的改造，把共青团由无产阶级先进青年组织改造成为抗日青年的群众组织。共青团立即按照这个《决定》的要求，首先在西北根据地开展自下而上建立青年救国会的工作。1937年4月，西北青年第一次救国代表大会在延安举行，正式成立了西北青年救国联合会。

全面抗战开始后，共产党领导下的各个抗日根据地普遍建立了青年救国会组织。在国民党统治区和沦陷区，共青团改造工作是到全面抗战爆发后才最后完成的。

在各个抗日根据地，普遍建立的青年救国会组织在共产党的领导下，带领青年投身抗日游击战争，发展生产，参加民主政权建设和文化建设等根据地的各方面工作，并在其中发挥了重要的生力军作用，使广大青少年成为完成抗日战争各项任务的一支重要的方面军。在各敌后抗日根据地活跃着各种青年抗日武装，如青年抗日先锋队（简称"青抗先"）、抗日青年队、青年游击小组等。他们积极配合正规部队开展游击战，给侵略者以沉重的打击。在根据地的政权建设中，青年也是一支重要的力量。毛泽东在1939年5月4日曾发表著名讲演《青年运动的方向》，高度评价了抗日根据地的青年工作，同时就中国青年运动方向的问题进行了科学的阐述和概括。

在国民党统治区和沦陷区，青年抗日救国组织的工作受到多种限制乃至镇压，工作环境极其恶劣，但是这些组织的成员在共产党的领导下，采取机动灵活的方式开展抗日救国活动。

在整个抗日战争时期，党通过这一时期领导青年抗日救亡组织的实践，积累了丰富的群众工作经验，极大地丰富了青年团的工作理论和指导思想，为后来青年团组织的进一步发展奠定了坚实的基础。

34

《那素滴勒盖哀荣录》

名称：《那素滴勒盖哀荣录》
年代：1943年
质地：纸
尺寸：长18.8厘米，宽12.5厘米，厚0.3厘米
质量：25.8克

哀荣录为油印本，由陕甘宁边区政府编印。

那素滴勒盖（1896—1943年），今鄂尔多斯市乌审旗人，蒙古族，又名雷寿昌。

那素滴勒盖早年参加"独贵龙"运动，加入内蒙古人民革命党，任内蒙古人民革命军十二团团部书记和公会文书。

1935年，那素滴勒盖在达布察克发动兵变，将全旗地方武装改编为一个营，自任营长。宣布废除封建王公的特权制度，废除王府向旗民摊派的十几种苛捐杂税，实行官兵平等、民主办事等新规。

1936年，红军扩大陕甘宁根据地，在与乌审旗交界的横山、靖边建立苏维埃政权。那素滴勒盖随即率领随从人员到靖边思家洼、定边，与当地军政领导及从事蒙古民族工作的共产党员进行广泛接触。1938年，那素滴勒盖按照中共少数民族工委领导人的意见，率旧部加入白海风领导的蒙旗独立旅（后改编为国民革命军新编第三师），任骑兵营营长。他率部在黄河沿岸作战，屡立战功，被傅作义第八战区长官司令部授予"骑射英雄"

称号。

　　1940年8月，由于国民党顽固派搞"清党"运动，那素滴勒盖率部离开新三师。后在中共乌审旗工委负责人曹布诚的带领下，到达延安，受到中共中央、陕甘宁边区党政各界的热烈欢迎。不久，那素滴勒盖被任命为蒙古文化促进会副会长、民族学院蒙古文教授。1941年8月，那素滴勒盖被任命为少数民族事务委员会委员；11月，在陕甘宁边区第二届参议会上，被聘请为参议员，同时被推选为陕甘宁边区政府委员。他多次号召有志的蒙古族青年到延安学习。

　　1943年6月，国民党军队进攻陕甘宁边区，那素滴勒盖不顾沉疴在身，四处奔走，发表演说，号召蒙古族同胞行动起来保卫边区；7月31日，那素滴勒盖病逝于延安。

　　那素滴勒盖逝世后，陕甘宁边区政府将他的遗像、遗嘱、传略、各项报道、纪念文章、悼词、挽联等编辑成《那素委员纪念册》，用汉蒙两种文字出版发行，宣传那素滴勒盖的斗争精神。后改名为《那素滴勒盖哀荣录》，用汉蒙两种文字出版，在各根据地广为发行。

35

乌兰在延安使用过的线毯

名称：乌兰在延安使用过的线毯
年代：抗日战争时期
质地：棉麻纤维
尺寸：长168厘米，宽116厘米，厚0.2厘米
质量：612.8克

该白线毯装饰黑色条纹，是乌兰同志在延安大生产运动时自己纺织的线毯。

乌兰（1922—1987年），今辽宁省朝阳市人。卢沟桥事变后，年仅15岁的乌兰参加了女子爆破队，先后炸毁了多处日军军事设施。1938年，北平地下党组织为了乌兰的安全，护送她和几位进步学生一同奔赴延安，此后她被分配到抗大学习。1939年，有丰富对敌经历的乌兰光荣地加入了中国共产党。1940年，她从抗大毕业，自愿要求到内蒙古工作，被党组织派往伊克召盟乌审旗传播革命思想，建立我党的抗日根据地，发展培养民族干部。1941年，根据党组织的指示，乌兰返回延安民族学院任教。

1945年2月，乌兰按照东盟工作团团长刘春的安排，从延安到达热辽地区，担任内蒙古人民自卫军蒙民骑兵十一支队政治委员。1945年到1947年，乌兰领导的第十一支队与国民党展开拉锯战，在两年多的战斗中，不仅扩大了解放区，还发展了我军的力量，在乡镇建立起共产党的政权组织。乌兰紧紧依靠当地群众，大力宣传我党的民族政策，培养了一批有基层工作和战斗经验的民族干部。1947年12月，乌兰所在的部队被改编为东北野战军骑兵第三十一团，乌兰任团政委。辽沈战役中，乌兰率领骑兵团冲锋陷阵，立下赫赫战功。

36

城川民族学院学员的数学作业本

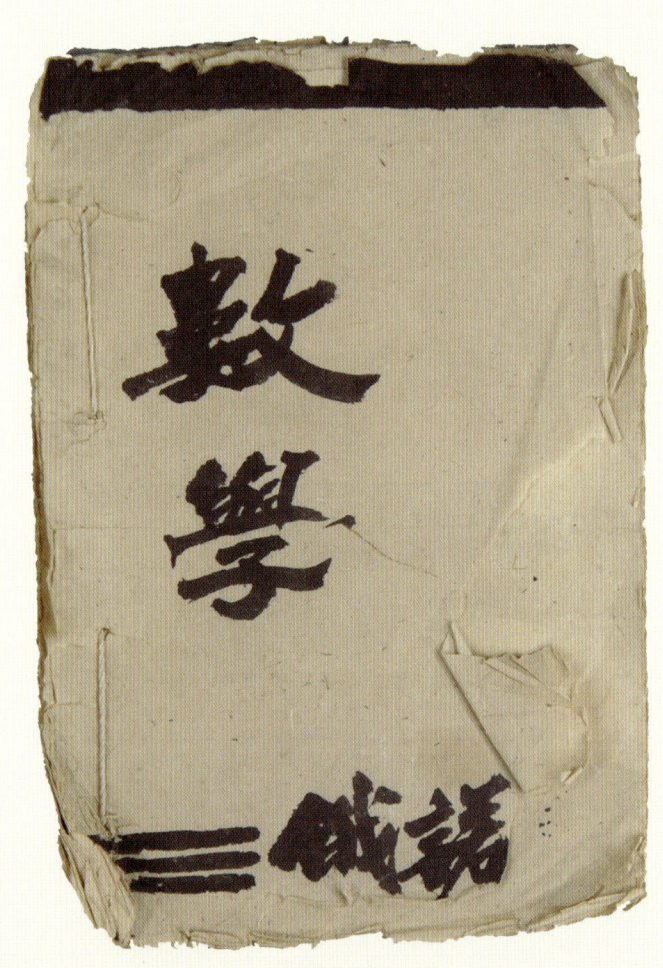

名称：城川民族学院学员的数学作业本
年代：抗日战争时期
质地：纸
尺寸：长19.5厘米，宽13.7厘米，厚0.6厘米
质量：7.8克

作业本为纸质，封面墨书"数学"二字，并署名"俄诺（斯）"，是城川民族学院学员的数学作业本。

1941年9月，在延安城北文化沟，成立了一所少数民族学府——延安民族学院。延安民族学院开办期间招收少数民族青年学员，从此这里成为培养民族干部的红色摇篮。1944年4月，民族学院由延安迁到陕西省定边县，改名三边公学。1945年2月，抗日战争胜利前夕，原中共城川工委改为中共伊盟工委在城川重建后，延安民族学院迁址绥远省鄂托克旗城川，并改名为城川民族学院。

民族学院迁至城川后，由中共伊盟工委书记赵通儒兼任学院主任，王铎任副主任，薛向晨、宗群、彭达先后任秘书长，宗群任教育处处长，刘景平、阎清芳先后任民族学院党总支书记。学习内容以文化课和军事课为主，包括语文、数学、历史、地理、音乐、美术、书法、体育、政治教育、军事训练、战场救护等。学院根据学生的具体情况、形势变化和政治任务要求，实行因材施教、因需施教的教学方法，培养学生的知识技能，

《民族学院努力学文件》

【本市讯】民族学院低级班学生十五岁的蒙古青年云昭光，听了「什么是宗派主义？」的报告后，他就对别人说：「我实在是有宗派主义的观点，过去听问题的报告时，我就不顾意，现在才知道是不对的」。低级班另一位同学发言：「以前我总以为自己文化水准低，怎么能反对自己呢？」现在才知道只要把任何实际问题联系起来想一想，就发觉自己的思想有许多是不正确的原因，是由于该院学委会创办的得法，该院经常派人作报告：如「为什么要学习文件？」「什么是自由主义？」「什么是宗派主义？」等。这些问题，已引起低级班同学极大的兴趣，在讨论会上，都能踊跃发言，同时也能针对实际问题联系起来，该院文化程度太低的班次，特由主任教员逐字逐句加以解释。

【本市讯】民族学院第二期准备以反对宗派主义为中心的学习方法已比前一期进步。该院范院长指出：为了检查党员是否真正领会文件的精神与实质起见，决定在第二期学习结束后，每个党员须写一篇「自我鉴定」，作为党内检查的标准。

关于成立伊盟工委的决定（抜萃）

一、伊盟在巩固边区及将来坚持反攻中，是一个很重要的地区。为了加强该处工作，决定成立伊盟工委，以赵通儒、高岗、刘昌汉、曹动之、曹布赫等五同志为委员，并以赵通儒同志为书记。

二、伊盟工委为党内秘密组织，对外不公开。为便于掩护起见，拟提政府于靖边设立伊盟民族事务委员会三边办事处，并拟派赵通儒同志为主任，伊盟工委对外即以该办事处名义出现，以利工作之进行。

三、伊盟工委直接归西北局领导，但同时须与三边地委取得密切联系与配合，三边地委不能独揽对伊盟工作之责任，而应在一切方面以全力协助伊盟工委进行工作。

四、以曹动之部队为基础加上骑兵旅的留守部队，组成一骑兵团，虽在建制上属三旅，但在对蒙古工作上，其一切行动和实施，应受伊盟工委之指导，以便密切配合进行蒙古工作。同时驻扎在伊盟境上的其他部队（如九团等）均有责任协助伊盟工委进行蒙古工作。伊盟工委一切有关民族政策的决定，这些部队均须遵守，但应通过三旅政治部进行之。

五、伊盟工委本身的经常费，应以民族事务委员会名义，由政府按结果拨发给之，其对外联络招待费，由三边地委于过去统战经费中拨出一半以作基金，其他对外联络工作起经费由西北局拨一批基金。

　　　　　　　　　　　　　　西北局常委
　　　　　　　　　　　　　　四五年二月廿一日

西北局常委关于成立伊盟工委的决定

延安民族学院旧址

树立其解放全中国的远大理想和战胜敌人的坚定决心。教学注重联系绥远地区的实际,学员结合所学课程,深入群众中去,对这个地区的民族问题做调查研究。同时,学院师生利用编排的文艺作品,在群众中宣传党的民族政策,给周边农牧民组织专场演出,宣扬党的民族政策,讲解抗日形势,增进各民族团结,让人民群众了解中国共产党、了解八路军,共产党的各项工作得到当地群众的大力支持。此外,在办学期间,民族学院部分师生被抽调回延安组成绥蒙干部大队,开赴绥远、察哈尔、热河地区开展内蒙古民族解放运动。

作为党培养少数民族干部的摇篮,城川民族学院为党培养了众多的少数民族干部,为民族解放事业作出了巨大贡献。

延安民族学院校歌

我们是各民族的优秀子孙,
我们是中国真正的主人。
汉、满、蒙、回、藏、苗、彝,
亲密团结在一起。
今天是各民族学习的伙伴,
明天是革命中战斗的先锋。
同志们,让我们携起手来,
高举起民族革命的旗帜。
迈步走向平等,幸福,各民族团结的新中国。

校歌

延安民族学院的学员在街头演出

延安民族学院的学员在打窑洞

37

陈介平在延安穿过的毛背心

名称：陈介平在延安穿过的毛背心
年代：1940年
质地：毛
尺寸：长51.7厘米，宽45.5厘米，厚0.5厘米
质量：208.8克

该毛背心为蓝色毛线针织，尖领、砍袖、下端收紧，整体织绣菱形网格纹图案，是陈介平在延安学习、工作时穿过的衣服。

陈介平（1913—1998年），今呼和浩特人。1929年，毕业于绥远省女子师范学校。

1936年秋，日军入侵绥远，陈介平与部分进步妇女为促进抗日和妇女解放，积极筹建绥远妇女会；12月6日，绥远历史上第一个妇女组织——绥远省妇女会成立，会员20多人，陈介平任妇女会常务理事。

百灵庙战役爆发后，伤兵源源不断地运往归绥。在医护人员严重不足的情况下，陈介平同妇女会的姐妹们组织起救护队，积极投入伤员的救护工作。1937年10月，绥远省妇女会宣布解散。同年底，陈介平随抗日民众自卫军来到包头，在部队驻地进行抗日宣传，办街头墙报《老百姓报》。这个墙报是陈介平等人用毛笔抄写下来再贴在街头墙上的，内容主要是转抄各种战报，并配以自编的诗文和简单的插图，非常吸引群众。此后，他们随部队撤到河曲地区。蒙旗独立旅进驻河曲后，经人介绍，陈介平认识

绥远省妇女会成员合影

了当时任该旅政训处处长的乌兰夫，参加了蒙旗独立旅，由一名女教师成为一名女战士。

1938年4月初，陈介平随蒙旗独立旅从河曲出发，经过一个多月的长途跋涉到达延安，进入抗日军政大学学习。在抗大学习期间，陈介平加入中国共产党。同年冬毕业后，陈介平到驻安塞县的陕甘宁边区妇联工作。她来到黄河边的马头关村，动

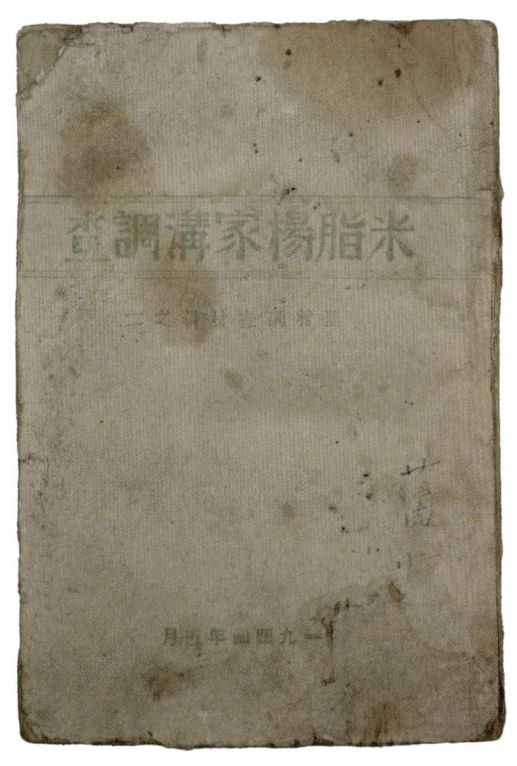

陈介平在延安用过的资料《米脂杨家沟调查》

员妇女参加生产，教她们识字。为进一步开展工作，她先找了几名政治觉悟高的妇女（八路军家属）组成一个小组。不久，各村也都成立了妇女小组，乡里成立了妇代会、妇女自卫军、儿童团。1939年，陕甘宁边区妇联在桥儿沟召开直属县妇联主任会，毛泽东到会作形势报告。1941年9月，边区妇联送陈介平到延安中央党校参加轮训学习。1942年初，在延安大学教育系学习。同年9月，陕甘宁边区粮食局决定调她去原工作过的固临县任征粮工作团团长。

新中国成立后，陈介平历任中共归绥市委妇委书记，归绥市妇联主席，绥远省民主妇联主席，内蒙古自治区妇联第二主任、副主任，全国妇联第三届执委。

38

王亚凡创作的《塞北黄昏》歌剧稿本

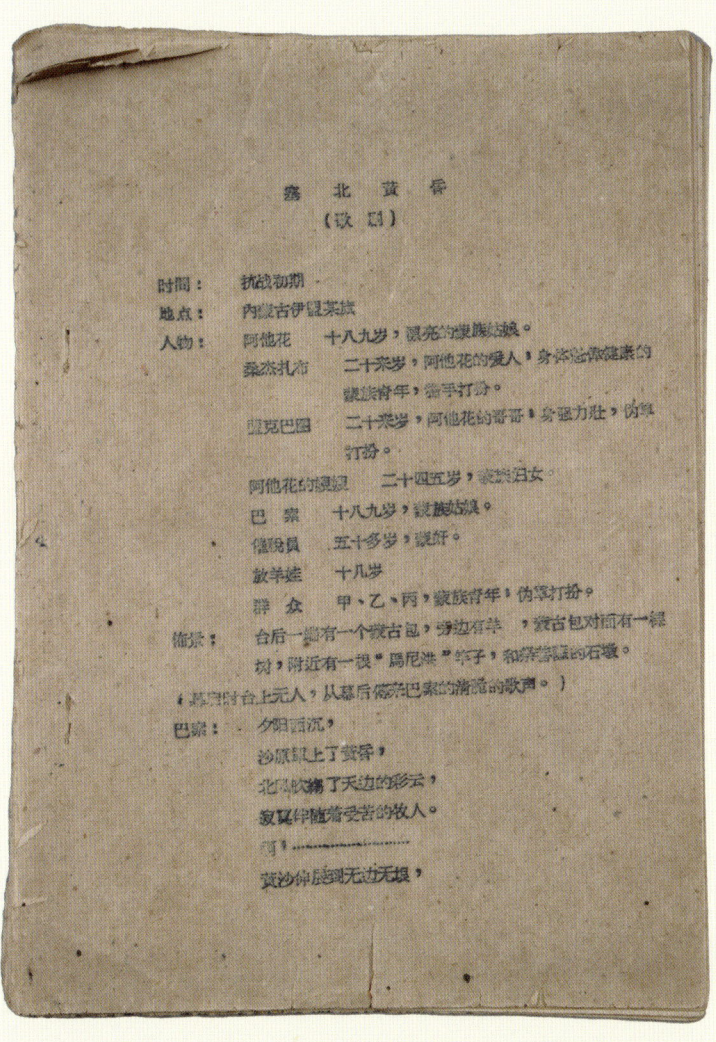

名称：王亚凡创作的《塞北黄昏》歌剧稿本
年代：1942年
质地：纸
尺寸：长26.5厘米，宽19厘米，厚0.5厘米
质量：60.1克

此剧本为纸本蓝色油墨印制，记录了《塞北黄昏》这部歌剧发生的时间、地点、人物、台上布景、故事发展流程等。这是1942年王亚凡在延安民族学院时创作的。

王亚凡，原名正雅，河南省内乡人，中共党员。学生时代参加"一二·九"运动。

1940年底，为推进内蒙古地区的文化工作，在西北文艺工作团（陕西省歌舞剧院的前身）工作的王亚凡与著名作曲家刘炽同赴内蒙古伊克昭盟乌审旗做实地考察，了解内蒙古地区民俗文化、风土人情和抗日战斗事迹。这次考察收获很大，王亚凡和刘炽很快创作出这部反映内蒙古地区人民团结、共同抗日的歌剧《塞北黄昏》。这是陕西省歌舞剧院第一部原创歌剧，受到毛泽东、周恩来、朱德等中央领导人的好评。

39

延安光华商店代价券伍角

名称：延安光华商店代价券伍角
年代：抗日战争时期
质地：纸
尺寸：长11.3厘米，宽5.2厘米
质量：0.6克

  此代价券主色调为红色，正面四角各有一椭圆状梅花图案，内有网格底"伍角"楷书字样，上下各有一条网格纹，上方横道居中为"光华商店代价券"，下方为"凭券兑付国币"字样，均为楷书，从右向左排列，正中为十字状梅花图案，网格底，中间竖行隶书"伍角"，票面左右两侧各有一妇女纺织和一牧羊图，右上角有"669941"编号。此券为光华商店1940年印制，在边区内部和法币并行流通，发行量较少。

  西安事变和平解决后，国共两党实现了第二次合作。为进一步巩固抗日民族统一战线，共产党领导的抗日民主政权主动收回原印发的各种苏维埃货币，在根据地开始使用法币，而且以法币为主币。因为流通法币，所以，领取国民政府发放的军饷、经营光华商店是此时边区银行的主要职责。实际上，边区银行成立之初充其量也只能算是一个财政支付机关。当时给边区发放的法币主要面额是5元和10元。因边区经济严重落后，法币面额较大，市场上辅币稀缺，买卖时出现找零困难，从而导致物价提高的现象，阻碍民众正常生活。商人因无辅币找换，货物不易售出；农民因需

光华商店代价券伍角背面

用品不易购到，宁愿以物换物也不肯使用法币，遂使法币失去信誉，流通大受阻碍。在延安市场上，一度使用邮票找零，但百姓又不大认可邮票，不能接受邮票为零钱。这给边区的商业贸易和军民生活带来极大的不便。陕甘宁边区银行成立之初并未对外公开营业，不便印发货币。为维护法币的信誉，1938年，陕甘宁边区政府授权边区银行以光华商店的资产做保证金，发行贰分、伍分、壹角、贰角和伍角小面额的代价券，作为法币的辅币，并行流通于边区市场，受到老百姓的称赞，将其称为"光华票"。

"光华票"是在第二次国共合作统一战线形成的形势下印发的。它在边区与法币相互补充，稳定了边区市场，方便了市场交易，方便了百姓生活，有力地支持了边区财政和边区银行各项业务活动的开展，为边区的经济建设和货币体系的创立作出了重大贡献，对其他抗日根据地货币的发行起到了先导作用。"光华票"是抗日战争时期边区在政府主导下、边区银行主持以商业部门的名义发行最早的一种货币，这是一次伟大的创举，也是一种成功的尝试，为其他抗日根据地货币的发行积累了宝贵的经验。

40

陕甘宁边区政府致乌审旗西协理奇国贤的贺年片

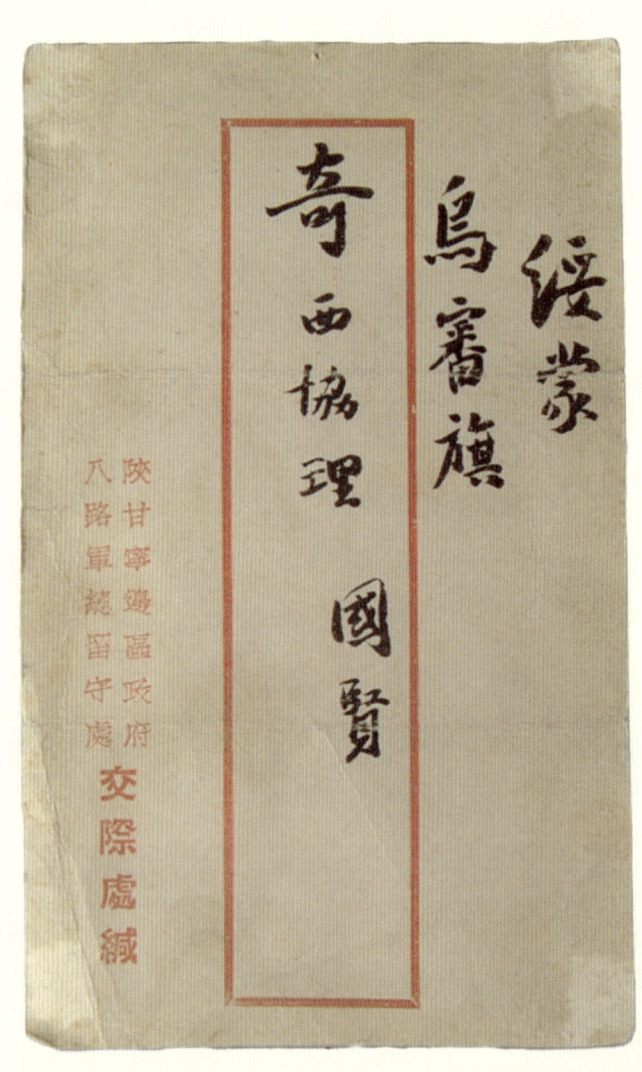

名称：陕甘宁边区政府致乌审旗西协理
奇国贤的贺年片
年代：抗日战争时期
质地：纸
尺寸：高19.18厘米，宽11.54厘米
质量：4.3克

此贺年片为单页，正面为毛笔纵行书"绥蒙乌审旗奇西协理国贤"，落款为红色铅印"陕甘宁边区政府八路军总留守处交际处缄"。贺年片背面为"恭祝年禧　交际处全体同仁鞠躬"。

奇国贤（1910—1942年），蒙古语名道布庆道尔吉，今鄂尔多斯市乌审旗人，曾任乌审旗笔帖式（文书）、保安队副官、西官府协理等职。乌审旗是"独贵龙"运动的发源地，奇国贤受到"独贵龙"运动影响，同情百姓，支持革命。

中国共产党一直重视少数民族工作，在1936年中共中央长征到达陕北之前，陕甘红军一直与伊克昭盟乌审旗蒙古族各界人士保持着友好往来关系。陕甘红军尊重当地的民族风俗，实行民族平等政策，通过贸易往来与乌审旗蒙古族群众建立了良好关系。

1936年，乌审旗建立了中共乌审旗工委，驻地在乌审旗乌拉尔林。工委通过与奇国贤的商谈和接触，进一步增进了双方的了解和信任，奇国贤等人也更加倾向中国共产党。奇国贤拥护中国共产党的政策，协助中共乌

伊盟乌审旗西协理、爱国人士奇国贤（后排右二）一行在延安

奇国贤使用过的银碗口袋

奇国贤使用过的银碗

奇国贤使用过的玛瑙鼻烟壶

审旗工委开展联络物资工作,缓解了陕北根据地的困难。

奇国贤因与中国共产党人密切联系,成为国民党绥远蒙旗党部调查统计室仇视和重点监视的对象。1942年11月,奇国贤被国民党顽固派抓捕,英勇就义,年仅32岁。

41

天宝在伊盟做地下工作时用的手枪套

名称：天宝在伊盟做地下工作时用的手枪套
年代：抗日战争时期
质地：皮革、木
尺寸：长35.5厘米，宽11厘米，厚5厘米
质量：583克

该手枪套为驳壳枪套，木质结构，铁质卡扣，外面有皮套包裹，有皮绳穿搭。

天宝（1917—2008年），原名木尔加·桑吉悦希，今四川省阿坝藏族羌族自治州人，1935年春参加革命工作并加入中国共产党。1936年，随红四方面军主力长征。先后任马尔康县党坝特委少先队副队长、红军第五军团骑兵连指导员、大金川博巴联邦政府青年部部长、红军藏族独立师青年部部长、博巴独立师党代表、红四方面军党校班长。1937年秋到达陕北，任中共中央党校少数民族班班长、党支部书记、校党总支委员。1938年5月，到红四方面军西路军新疆新兵营学习，任学生队（俄文班）队长。1940年春，到西北工作委员会工作，任西北工委西南民族组组长。1941年7月，延安中共中央民族学院成立，任第三班班长、学生会主席、校党总支委员、西南民族区区长、陕甘宁边区政府民族事务委员会委员。

1943年至1948年，天宝被派往内蒙古伊克昭盟工作。任中共中央西北局三边分区伊克昭盟地下通讯员、区委书记、三边分区伊克昭盟蒙汉支队

天宝化装成喇嘛时用的佛经

第三大队教导员、伊西工委委员等职。

天宝在伊克昭盟工作期间，与同志们广泛宣传、组织、团结、争取各阶层人士抗日，出色地完成了组织交给的各项任务，为伊克昭盟取得抗战胜利和获得解放作出了贡献。

42

乌兰夫在新三师时使用过的马鞍

名称：乌兰夫在新三师时使用过的马鞍
年代：抗日战争时期
质地：木、皮革
尺寸：通长49.5厘米，宽31厘米，高25厘米
质量：2.4千克

  这副马鞍为木质，前、后鞍桥与鞍脊通过皮革绑扎固定，鞍脊两侧下缘处各有一条皮质马肚带，是乌兰夫在新三师时使用过的马具。

  1939年夏，国民政府将蒙旗独立混成旅扩编为国民革命军新编陆军第三师，简称新三师，乌兰夫任政治部代理主任。按照中共中央的指示，新三师党务委员会由半公开转变为"秘密存在"，是领导新三师的核心力量。

  新三师按八路军的模式建立了完整的政治工作体系，师部设政治部，团设政治处，连队设政治指导员。新三师党委在部队中加强思想政治工作，积极宣传党的《抗日救国十大纲领》《八一宣言》《告全国同胞书》等重要文献精神，举办红军长征报告会，进行革命传统教育。组织官兵学习《三大纪律八项注意》，增强官兵的群众观念和组织纪律性，抽调政工干部到当地农牧民中宣传党的抗日政策和民族政策。乌兰夫还三访郡王旗札萨克，帮助地方组建抗日武工队。

  由于新三师深受伊克昭盟各族人民的拥护，形成了军民团结、共同抗

乌兰夫在新三师时使用过的墨书"政治部"木凳

乌兰夫在新三师时使用过的马褥子

红色宝藏

——内蒙古博物院馆藏革命文物

日的局面。1940年，新三师攻打盘踞在达拉特旗新民堡、张来顺营子的日伪军，打破了敌人南进的企图。1941年初，配合傅作义部拔掉了日军盘踞三年的柴磴据点，打掉了日军进犯伊克昭盟的前进基地。新三师还多次与国民党部队配合，和驻桃力民的八路军骑兵团一道，击退日伪军对伊克昭盟的侵犯，保卫了伊克昭盟和陕甘宁边区北部的安全。

随着新三师在伊克昭盟地区的影响力越来越大，国民党开始着手控制并企图瓦解这支蒙古族抗日武装。1940年至1941年，国民党几次下令调该部前往甘肃靖远县整训。1941年，按照中共中央的指示，乌兰夫等已公开身份的中共党员撤离新三师回到延安。新三师被迫调防甘肃后，失去了与党组织的联系。

43

田万生做地下工作时使用过的油灯

名称：田万生做地下工作时使用过的油灯
年代：抗日战争时期
质地：瓷
尺寸：直径4.2×4.2厘米，高3.6厘米
质量：57.5克

油灯为黑釉瓷质，是田万生在伊克昭盟地区工作时使用过的照明工具。

田万生（1903—1997年），今陕西省榆林市横山县人。1933年，田万生同中国共产党的地下工作者取得联系，参加了革命。1935年，加入中国共产党。

为在乌审旗建立统一战线组织，开展统一战线工作，共同抵抗日本帝国主义，于1936年成立了中共乌审旗工委，田万生等人任委员。中共乌审旗工委成立后，一方面率领蒙汉骑兵游击队配合红军作战，一方面大力开展民族工作。田万生等人以边贸商人的身份在乌审旗活动，向蒙古族各阶层宣传党的民族政策和抗日救亡道理，使不少牧民走上了革命道路。田万生向乌审旗王爷特古斯阿木郎宣传共产党的抗日主张，还公开了自己的共产党员身份。特古斯阿木郎逐渐对共产党产生了好感，赞赏共产党的民族政策和抗日主张，表示愿意合作，帮助共产党解决困难。

1938年5月，田万生到延安中央党校学习。1939年初，从党校毕业后被

田万生使用过的白瓷壶

分配到鄂旗工委（对外称抗日后援会）工作。他以三边警备旅联络副官的身份，多次来往于三边地委与阿拉庙之间，争取到了鄂旗王爷章文轩对革命工作的支持。同时他还坚定地开展斗争，为党组织在该地区开展工作创造了有利条件。

1947年1月，田万生被调到城川办事处即中共伊克昭盟委员会，辗转于定边、靖边、城川一带，进行了艰苦卓绝的斗争。1948年4月，田万生到西北局党校学习，于12月回到伊西工委，任中共鄂托克旗委书记，肩负解放鄂托克旗的重任，并于1949年歼灭了鄂托克旗境内的残敌。中华人民共和国成立以后，任中共伊克昭盟盟委副书记、纪律检查委员会书记，伊克昭盟行政公署第一副盟长、党组书记以及伊克昭盟政协主席等职。

44

郭北宸烈士使用过的《孙中山全书》第二册

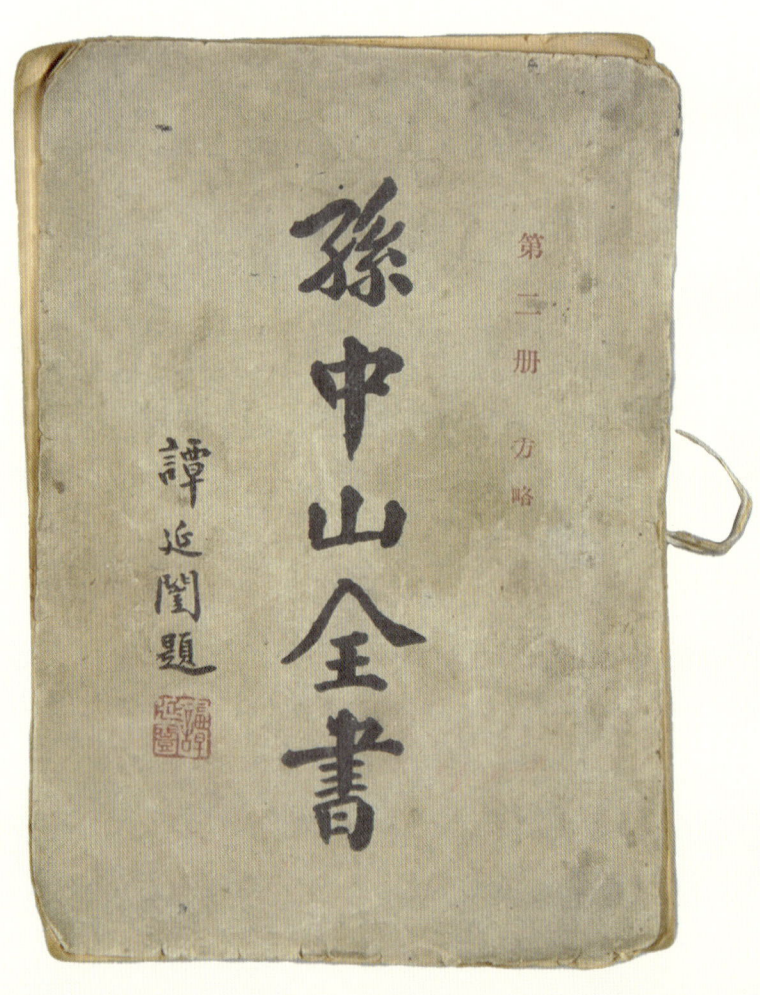

名称：郭北宸烈士使用过的《孙中山全书》第二册
年代：抗日战争时期
质地：纸
尺寸：长18.5厘米，宽13厘米，厚2厘米
质量：182.7克

该《孙中山全书》第二册，是郭北宸烈士在河套地区从事抗日活动时阅读的书籍。

郭北宸（1912—1942年），字墨园，又名郭俊卿，今山西省左云县人。1934年，在绥远省乡村建设委员会训练班受训。1935年至1937年在兴和县担任乡村工作指导员。

1938年5月，经刘一山介绍加入中国共产党。不久，奉派到安北县开展抗日活动，秘密发展党的组织，发动群众建立抗日团体；9月，中共安北区委员会成立，郭北宸任组织委员；12月，中共安北县委成立，郭北宸任组织部长。之后，郭北宸到东湾子小学校举办农民夜校，一边教文化，一边讲革命道理。他以农民党员为骨干，秘密组织宣传、锄奸、运粮小组，开展抗日宣传、盘查汉奸特务的活动，还领导农民进行拒绝义务挖渠、抵抗征粮等斗争，鼓舞了农民群众的斗志。他发展了十几位农民党员，建立了东湾子、王广和等基层党支部。1939年5月，任中共安北区委书记；9月，任中共安北县委书记。

郭北宸烈士使用过的笔筒

1940年春,日本侵略军大举进犯河套地区,郭北宸率部分同志转移到伊克昭盟桃力民八路军办事处。他妥当安排好同志后,与董有等返回河套地区,任中共后套特委组织部长。同年8月,接任特委书记。在国民党反共高潮中,河套地区形势急剧恶化,地下党处境异常困难。12月中旬,由于叛徒告密,郭北宸被捕。

在监狱中,国民党特务利用各种手段试图让郭北宸招供,他宁死不屈。1942年8月,郭北宸被秘密杀害。

45

乔培新拟写的抗日文稿

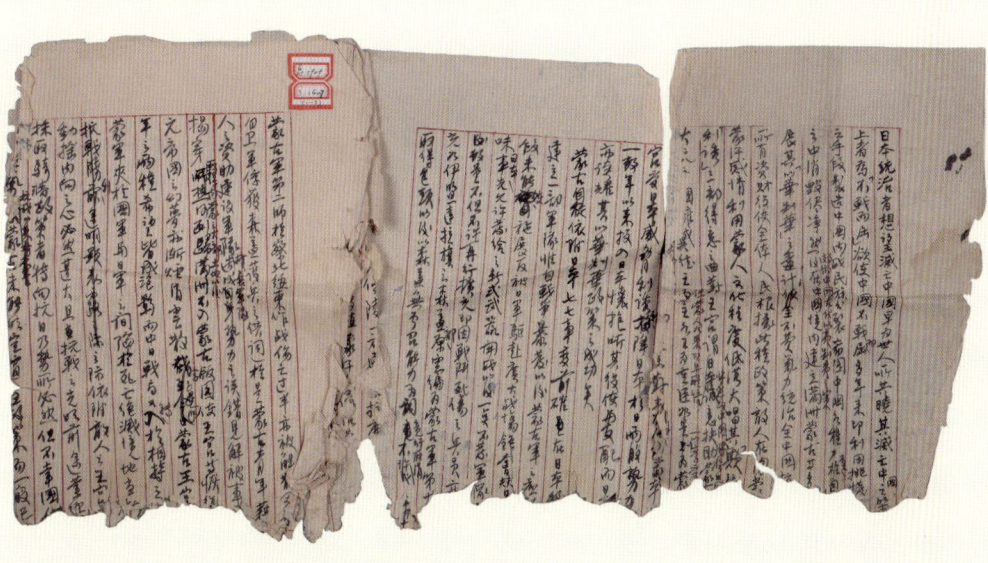

名称：乔培新拟写的抗日文稿
年代：抗日战争时期
质地：纸
尺寸：长40厘米，宽28厘米
质量：6.5克

文稿为毛笔竖书，由河套地区地下党员乔培新拟写，内容是宣传抗日救国思想。

乔培新（1912—2007年），曾用名乔森显、苏子仁，今鄂尔多斯市达拉特旗人。

1936年9月，乔培新加入中国共产党，并参加中华民族解放先锋队。七七事变后，由清华大学经济系毕业到内蒙古从事革命工作，曾

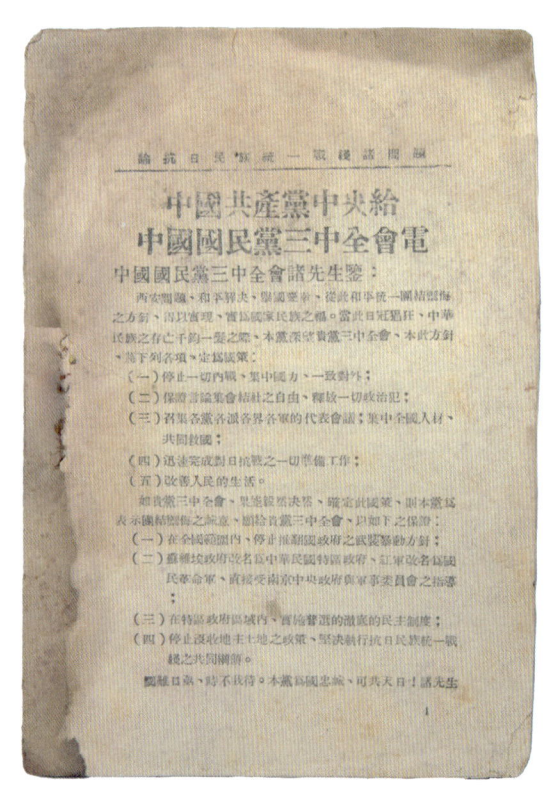

乔培新使用过的《论抗日民族统一战线诸问题》

任中共五原县委宣传委员、中共包头县委宣传委员、五原县动员委员会书记、五原县第一区区长兼区动委会书记、包头县县长等职,在河套地区开展地下工作。该文稿就是这一时期拟写的,号召各族人民团结抗日。

1941年,乔培新经党组织批准到延安工作,历任陕甘宁边区银行调查科科长、调查处副处长、处长。当时边区财政经济正处在极端困难时期,乔培新利用在大学期间学到的知识,结合边区实际情况,深入调查,反复研究,在边区制定金融政策的过程中,作出了重要贡献。

乔培新使用过的《陕甘宁边区第一届参议会实录》

46

东北抗日联军使用过的桦树皮盒

名称：东北抗日联军使用过的桦树皮盒
年代：抗日战争时期
质地：木
尺寸：长16.5厘米，宽12.5厘米，高13.5厘米
质量：275克

桦树皮盒口缘用棉线锁边，是阿荣旗群众送给东北抗日联军的生活用具。

1937年七七事变后，日本关东军派重兵对抗日联军实行空前规模的"大讨伐"。1938年5月，为了应对"大讨伐"的严重局面，中共北满临时省委决定，抗日联军各部队实行划分区域作战，开始西征，开辟新的游击区，试图打通和关内八路军联系的作战策略。

1939年初，在北满地区的抗日联军第三、六、九、十一军统编为第三路军。同年12月，在敌强我弱、环境困难的关头，抗日联军第三路军总指挥部根据北满省委的决定，组成西北远征军指挥部，任命冯治纲为指挥，王钧为政治部主任，率军直教导队和十二团骑兵首次进入呼伦贝尔。当时，冯治纲率100多名抗日联军战士越过冰封的嫩江，进入莫力达瓦旗境内。在莫力达瓦旗境内，与一支伪警察大队相遇，并将其大部俘虏，经过教育后又全部释放，成为抗日联军进入呼伦贝尔地区的首次战斗。1940年2月3日，抗日联军队伍向呼伦贝尔纵深发展，进入阿荣旗；4日，在三岔河

东北抗日联军使用过的搪瓷碗

任家窝棚与日本关东军遭遇。在激烈的战斗中,冯治纲等五人英勇牺牲。此后,队伍继续向前挺进,突击到了博克图、巴林一带。1940年3月底,抗日联军返回嫩江东部地区。

1940年9月,中共北满省委决定继续开辟呼伦贝尔游击区。抗联第三路军总指挥部派三支队第二次进入呼伦贝尔。王明贵任支队长,高禹民任政委,王钧任参谋长。王明贵等率领三支队从霍龙门越过嫩江进入呼伦贝尔,首先在阿荣旗一带活动。同年11月30日,三支队在阿荣旗鸡冠山与日军相遇,支队七、八两个大队分路突围。战斗中,支队政委高禹民等8人为掩护部队突围壮烈牺牲。此后,部队转战于布特哈旗、鄂温克旗。1941年1月,三支队退入苏联境内休整;2月,由苏联返回北满地区。

1941年6月,苏德战争爆发。日本关东军数十万人企图从远东进攻苏

东北抗日联军使用过的刀锯

联,在北满和呼伦贝尔地区布置了大批军队。为了发动群众,扰乱敌人后方,起到牵制敌人的作用,三支队于7月第三次跨过嫩江进入呼伦贝尔,在阿荣旗北部和莫力达瓦旗格尼河两岸活动。在原始森林里,三支队遇见了以盖山头人为首的鄂伦春族部落并与之结盟,共同抗日。在牙克石一带,三支队多次袭击敌人的山林守备队,并动员伐木工人参加抗联。同年9月,抗联第九支队在政委郭铁坚、参谋长曹玉奎的带领下也进入呼伦贝尔地区进行抗日活动。1942年秋,九支队撤往苏联,与李兆麟带领的抗联部队会合。

东北抗联三进呼伦贝尔,历经千辛万苦,前赴后继,在呼伦贝尔地区发动少数民族群众共同抗日,粉碎了敌人的多次围剿,不仅扩大了抗联的活动区域,而且为推动内蒙古东部地区的抗日斗争作出了重要贡献。

第四部分

解放战争时期的革命文物

（1945—1949 年）

解放战争时期，党团结带领内蒙古地区各族人民全力保卫抗日战争胜利成果，坚决抵抗国民党对解放区的军事进攻，维护国家统一和民族团结，领导成立内蒙古自治政府，推进内蒙古地区完全解放，开启民族平等团结、共同发展新纪元。

47

贺龙部队在凉城地区使用过的八音盒

名称：贺龙部队在凉城地区使用过的八音盒
年代：1945—1946年
质地：混合
尺寸：长55厘米，宽25厘米，高15.5厘米
质量：8.9千克

这件音乐盒是贺龙部队在凉城地区使用过的物品。音乐盒为长方形木质外壳，朱漆有磨损，木匣内置钢质发条等机动发音装置，拨动发条尚可发音。

抗日战争胜利后，为阻止国民党抢夺抗日战争胜利果实，中国共产党在内蒙古地区与其展开了针锋相对的斗争。

为了完成中共中央"向北发展，向南防御"的战略指示，晋绥军区司令员贺龙、晋察冀军区司令员聂荣臻联合发起了著名的平绥战役。晋绥军区部队从内蒙古凉城一线向绥远东部地区的卓资山疾进，贺龙亲临前线指挥战斗。

平绥战役期间，贺龙率部转战于凉城、卓资山地区。1945年8月27日，贺龙率部首次攻克凉城；10月19日，贺龙率部二次解放凉城，并发起卓资山战役，于25日告捷。接着，其部与聂荣臻晋察冀部队会合，打响了绥包战役。至12月，贺龙重返凉城，驻扎在凉城县岱海镇井沟村。1946年1月中旬，在离开井沟村前，贺龙请当地各族人民群众共同吃"八大碗"，充分

红色宝藏——内蒙古博物院馆藏革命文物

贺龙部队装文件用的帆布木箱

贺龙部队在凉城张贴的标语

体现了军民鱼水情和民族团结之情。

平绥战役解放了绥东、绥南广大地区,保障了张家口西侧的安全,为在内蒙古中部地区建立解放区、配合进军东北夺取战略先机创造了有利条件。

48

《蒙汉联合画报》

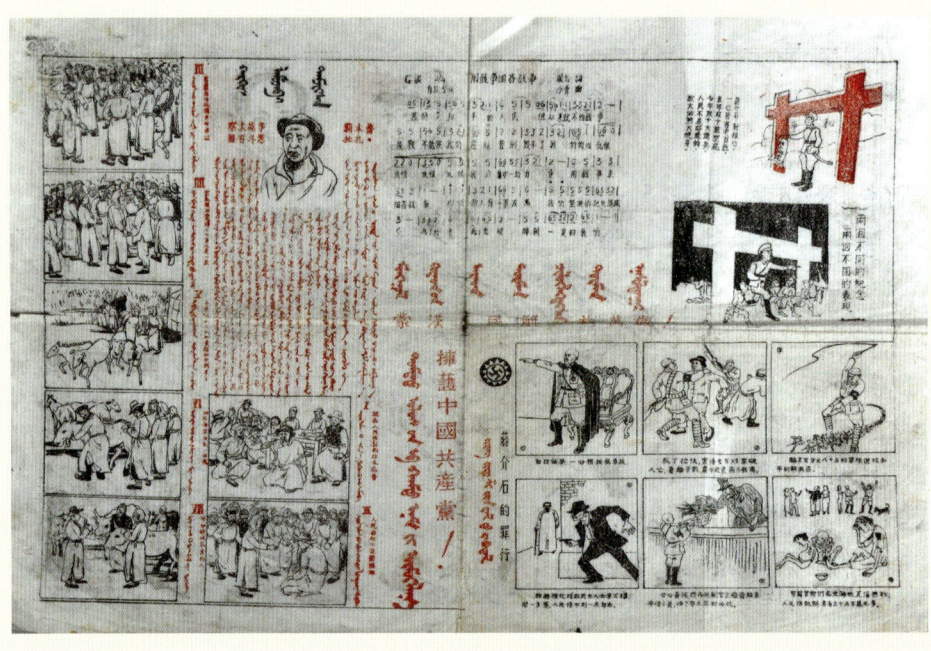

名称：《蒙汉联合画报》
年代：1946年
质地：纸
尺寸：长55厘米，宽39.5厘米
质量：10.9克

此画报为汉文、蒙古文双语双面套色印刷，是1946年10月热北反内战大会专刊，由内蒙古文工团编绘。画报正面上方为毛泽东主席、朱德总司令、云泽的木刻画像，右侧是画报刊名，中部和右下方为两幅主题画《蒙汉人民团结起来》《蒙汉团结粉碎蒋介石的进攻》，左侧是连环画《一个蒙古族老太太的故事》。画报背面上方是歌曲《用战争回答战争》，右侧为一组揭露蒋介石独裁统治的连环画，左侧是介绍察哈尔盟太仆寺旗群众斗争恶霸的连环画。

1946年6月，国民党发动全面内战，东北的国民党军队在占领一批大、中城市后，又出动军队在日伪残余李守信等地方反动武装的配合下，向内蒙古东部解放区发动军事进攻，相继占领了开鲁、通辽、赤峰等地。为反击国民党军事进攻，保卫解放区，内蒙古人民自卫军卓索图盟纵队、昭乌达盟蒙汉联军司令部相继成立。同时，在林东召开了热北反内战大会，声讨蒋介石发动战争，内蒙古文工团负责编绘《蒙汉联合画报》，在大会上广泛散发。

画报以图文并茂的形式，号召各族人民团结起来，共同抵抗国民党的军事进攻。如连环画《一个蒙古族老太太的故事》，讲述了八路军请求借宿，被蒙古族老人婉拒。第二天，八路军发现老人家里没有粮食，便把节省下来的粮食送给她。老人深受感动，邀请露营的八路军住进蒙古包，并把一匹马送给八路军。连环画以简洁的线条和通俗的语言，展现了八路军严格执行群众纪律，军爱民民拥军、军民团结一家亲的生动画面。

画报的编绘者——内蒙古文工团，于1946年4月1日在河北省张家口市成立。成员以来自延安和其他解放区的文艺工作者为骨干，包括汉族、蒙古族、达斡尔族、回族、满族等。团名由乌兰夫同志亲自命名，并指示该团坚持党的文艺路线，贯彻执行党的各项文艺方针。内蒙古文工团以歌舞为主，兼演民族歌剧、话剧等，在舞蹈创作和培养舞蹈专业人才方面有显著的成绩，对内蒙古地区乃至中国舞蹈事业的发展起到了一定的推动作用。

49

内蒙古自治运动联合会印章

名称：内蒙古自治运动联合会印章
年代：1945年
质地：石
尺寸：边长7.93厘米，高6.27厘米，印面厚2.13厘米
重量：197克

该印章印钮为梯形，印面为正方形，印文竖行，内容是"内蒙古自治运动联合会印"。

内蒙古自治运动联合会是中国共产党领导的，由内蒙古各族、各阶层代表组成的推动自治运动的革命团体，1945年11月25日成立于张家口。内蒙古伊克昭、乌兰察布、巴彦塔拉、锡林郭勒、察哈尔、昭乌达、卓索图、哲里木等8盟36旗以及军政各界代表76人参加大会。会议通过《内蒙古自治运动联合会目前工作方针》及会章，乌兰夫任主席，奎璧等为常务委员。内蒙古自治运动联合会统一领导内蒙古自治运动，改造伪政权，代行其行政职能，建立各盟旗民主自治政府和区乡基层组织，逐步实现内蒙古自治；组织人民武装，肃清土匪和敌伪残余势力，巩固革命的社会秩序；宣传党的民族政策，培养民族干部，废除封建特权，在农村开展减租反霸斗争，在牧区扶助牧民发展畜牧业生产；增强各族人民的团结，并团结大多数蒙古族上层；发展民族文化教育及卫生事业，改善人民生活。1947年5月1日，在该会基础上成立内蒙古自治政府。

内蒙古自治运动联合会成立大会

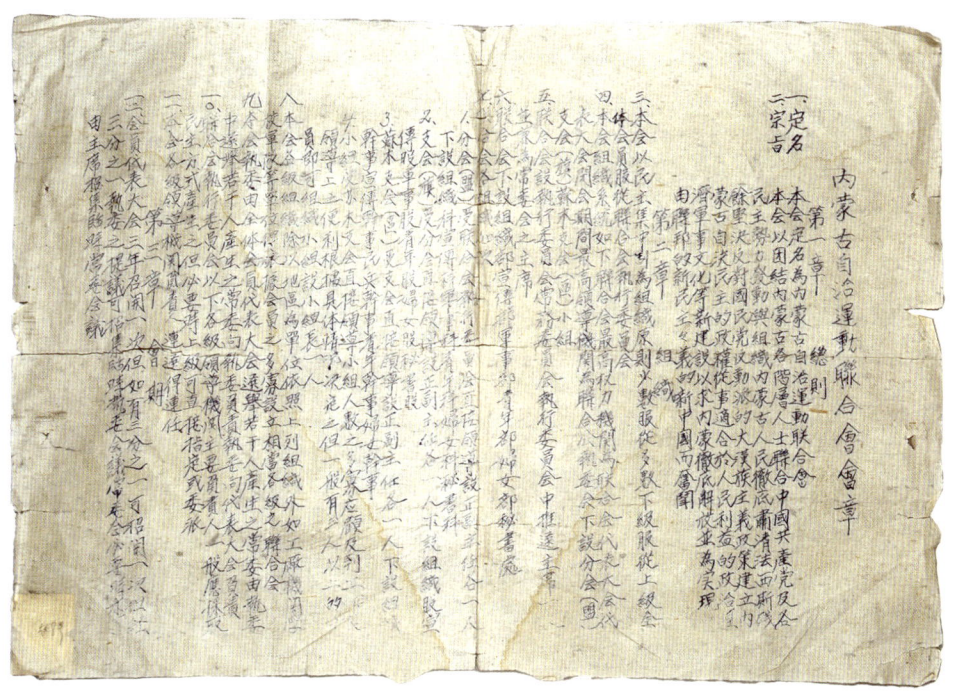

《内蒙古自治运动联合会会章》

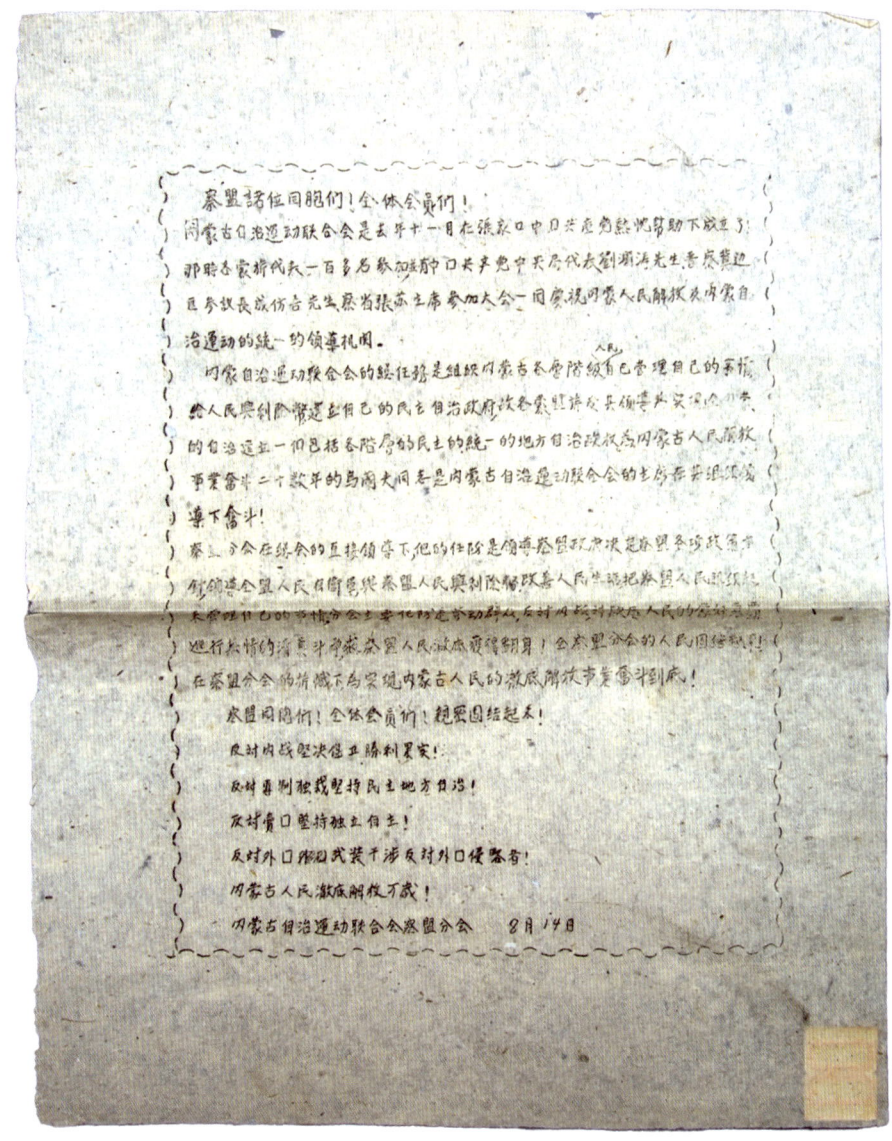

内蒙古自治运动联合会察哈尔盟分会关于方针、政策的宣传单

内蒙古自治运动联合会会旗

185

红色宝藏

——内蒙古博物院馆藏革命文物

50

内蒙古自治运动统一会议的主要决议

名称：内蒙古自治运动统一会议的主要决议
年代：1946年
质地：纸
尺寸：长12厘米，宽8厘米
质量：3.7克

该自治运动统一会议的主要决议文本，由东蒙总分会印制。

内蒙古自治运动联合会成立时，将联合内蒙古地区一切解放力量，统一内蒙古自治运动，确定为联合会的方针。1946年2月，中共中央东北局西满分局派出胡昭衡等人到兴安盟王爷庙，与东蒙古人民自治政府领导人取得联系，调查、了解情况；3月28日，西满军区驻王爷庙办事处成立。在深入调查、研究的基础上制定了党在东蒙的工作方针，即广泛建立汉蒙民族统一战线；孤立、打击反动势力，争取中间势力，发展进步势力，争取掌握内蒙古人民革命党和青年团的领导权。工作中心是建立广泛的人民统一战线，掌握民族武装与政权，发动农牧民，形成强大的革命力量。

1946年3月，内蒙古自治运动联合会和东蒙古人民自治政府决定各派出代表7人，在承德举行自治运动统一会议。联合会代表为乌兰夫、刘春、克力更、包彦、田户、乌力吉那仁、庆格勒图；东蒙自治政府代表为博彦满都、哈丰阿、特木尔巴根、包玉昆、白云航、义达嘎苏隆、喀萨巴特尔。1946年3月30日至4月2日，内蒙古自治运动统一会议共召开了5次预备会议；4月3日，内蒙古自治运动统一会议，即著名的四三会议正式举行。

会议通过了《内蒙古自治运动统一会议主要决议》，明确了内蒙古自治运动是在中国共产党的领导帮助下实行平等自治；联合会为自治运动统一领导机构，同时成立东蒙总分会，领导东蒙的工作；联合会统一领导内蒙古的武装力量，结束了内蒙古东西部地区政治上长期分裂的状况，形成了内蒙古民族解放运动的统一力量。四三会议解决了中国共产党领导内蒙古民族解放斗争的根本问题，明确了内蒙古自治运动的正确道路和具体办法，对内蒙古革命的胜利具有极其重要的意义。

51

《关于各盟旗保送学生入内蒙古学院的决定》

名称：《关于各盟旗保送学生入内蒙古学院的决定》
年代：1946年
质地：纸
尺寸：长27.4厘米，宽27.1厘米
质量：4.1克

该决定为铅印，加盖内蒙古自治运动联合会印章。

根据自治运动联合会成立大会的决议，为大力培养蒙古族军政干部，内蒙古自治运动联合会于1945年12月在张家口创办内蒙古军政学院。乌兰夫任军政学院院长，朱荣任教育长，齐永存任教务处处长，寒峰任军事部部长。军政学院下设行政部、军事部、中学部。学院的教育方针是以"提高政治水平，根绝旧社会恶习，为广大蒙古人民服务"为目的。学院招收了在张家口的伪蒙疆兴蒙学院的几十名学生和乌兰察布、巴彦塔拉、锡林郭勒、察哈尔等盟以及昭乌达盟一带的蒙古族知识青年入学。学院组织学生学习毛泽东的《中国革命与中国共产党》《新民主主义论》《论联合政府》等著作，反复讲解中国共产党的性质、任务、作用以及中国革命的动力、对象、性质和前途。同时，反复进行中国共产党的民族政策和内蒙古民族解放道路的教育。经过两三个月的学习，绝大多数学员认识到中国共产党是各族人民的大救星，内蒙古革命是中国革命的一部分；蒙古民族只有在中国共产党的领导下，同全国人民一起奋斗，才能获得解放、发展和繁荣。学生中的一些先进分子还加入了中国共产党。

1946年3月15日，内蒙古自治运动联合会与中共冀热辽分局在赤峰创办的内蒙古自治学院正式开学，乌兰夫兼任院长。学院招收了来自热河省、昭乌达盟和辽宁省的蒙古族青年和知识分子300多人。乌兰夫调内蒙古军政学院教务处处长，齐永存在自治学院任教育长，同时，建立了由齐永存任书记的学院党支部，在学员中发展党员，发挥党组织的战斗堡垒作用。自治学院同样设有行政部、中学部和军事部。学院开设政治理论、青年修养、国内外时事、蒙古语文等课程。

1946年10月，国民党军队进逼赤峰，学院北撤林东继续办学，之后内蒙古军政学院由张家口迁至林东，两校合并。1947年6月赤峰解放，学院迁回赤峰。8月，中共冀热辽分局决定将设在赤峰的建国学院、鲁迅艺术学院与内蒙古自治学院合并，成立冀热辽联合大学。

52 《内蒙古自治政府布告（第一号）》

名称：《内蒙古自治政府布告（第一号）》
年代：1947年
质地：纸
尺寸：长53厘米，宽37.5厘米
质量：6.8克

该布告为黑色油墨印制，钤印红色印章。布告公布了内蒙古自治政府成立的经过以及作出的重要决定。

1947年初，中共中央根据内蒙古地区的现实需要，经过全面考虑、深入研究，于1947年3月23日发出指示，同意召开内蒙古人民代表会议，产生内蒙古统一的民族自治政府。

1947年4月23日，内蒙古人民代表会议在兴安盟王爷庙隆重召开，出席会议的各民族代表共有392人。会议选举产生了由25人组成的大会主席团和由10人组成的提案审查委员会，乌兰夫为主席团主席，哈丰阿为大会秘书长。

4月24日，乌兰夫代表内蒙古自治运动联合会执委会向大会作政治报告；27日，大会通过了乌兰夫所作的政治报告和《内蒙古自治政府施政纲领》《内蒙古自治政府暂行组织大纲》，会议还发布了《内蒙古人民代表会议宣言》，宣布决定于本年5月1日成立内蒙古自治政府。当天，内蒙古人民代表会议全体代表向毛泽东主席、朱德总司令发出致敬电。至4月30

五一大会会场彩门

日，会议选举产生了内蒙古临时参议会，选出参议员121人。

5月1日，内蒙古第一届临时参议会举行了内蒙古自治政府主席、政府委员、参议会议长及驻会参议员的选举。乌兰夫当选内蒙古自治政府主席，哈丰阿当选副主席。至5月2日，内蒙古人民代表会议闭幕式暨内蒙古自治政府成立典礼在王爷庙举行。

5月3日，内蒙古自治政府召开了首届政府委员会议，任命各部、厅负责人。会议还决定，5月1日为内蒙古自治政府成立日。5月30日，内蒙古自治政府发布第一号布告，公布了本次会议的重要决定。

内蒙古自治政府的成立是内蒙古历史上一件划时代的大事。1947年5月

19日，毛泽东主席、朱德总司令来电祝贺内蒙古自治政府成立。中共中央东北局、陕甘宁边区政府和晋察冀、晋冀鲁豫等解放区的党组织和人民政府也纷纷来电祝贺。《新华日报》《东北日报》《晋察冀日报》《西满日报》《内蒙自治报》等各解放区报刊相继发表社论或进行报道，盛赞内蒙古地区革命斗争所取得的伟大胜利。

《内蒙古自治政府布告（第一号）》，见证了在中国共产党领导下我国第一个省级民族自治区的诞生。内蒙古自治区的成立，为全国实行民族区域自治树立了光辉典范，充分证明只有在中国共产党的领导下，才能坚持民族平等、民族团结，才能有力维护国家统一和领土完整，才能找到解决中国民族问题的正确道路，才能开启各族人民当家作主共创美好生活的新纪元，才能走上中华民族伟大复兴新征程。

53

《内蒙自治报》1947年5月合订本

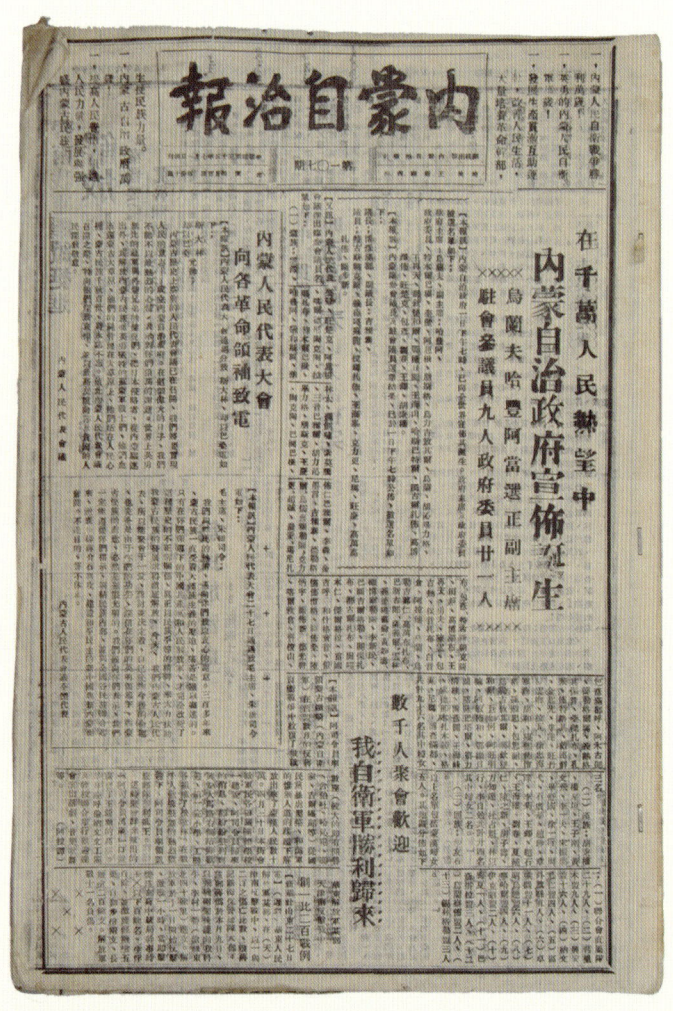

名称：《内蒙自治报》1947年5月合订本

年代：1947年

质地：纸

尺寸：高38.6厘米，宽26.7厘米，厚0.13厘米

质量：52.3克

此为《内蒙自治报》1947年5月2日至30日合订本，铅印。

解放战争时期，内蒙古地区正处于民族自治运动的关键时期，鉴于革命宣传形势的迫切需要，1947年1月1日，内蒙古自治运动联合会东蒙总分会的机关报《群众报》更名为《内蒙自治报》，成为中国共产党领导下的与内蒙古自治运动密切关联的重要报纸。

1947年5月1日内蒙古自治政府成立，《内蒙自治报》在主要版面登载内蒙古自治政府成立的报道以及成立庆典盛况照片。

为了加强《内蒙自治报》的领导力量，报社的领导班子也作了调整，内蒙古周报社的同志陆续抵达王爷庙。内蒙古工委决定自1947年7月1日起把《内蒙古周报》与《内蒙自治报》合并，报名用《内蒙自治报》。

1947年9月1日，《内蒙自治报》刊登了《内蒙共产党工作委员会关于〈内蒙自治报〉的决定》，从此，《内蒙自治报》正式成为内蒙古党委的机关报。

1948年1月1日，《内蒙自治报》更名为《内蒙古日报》。《内蒙古日

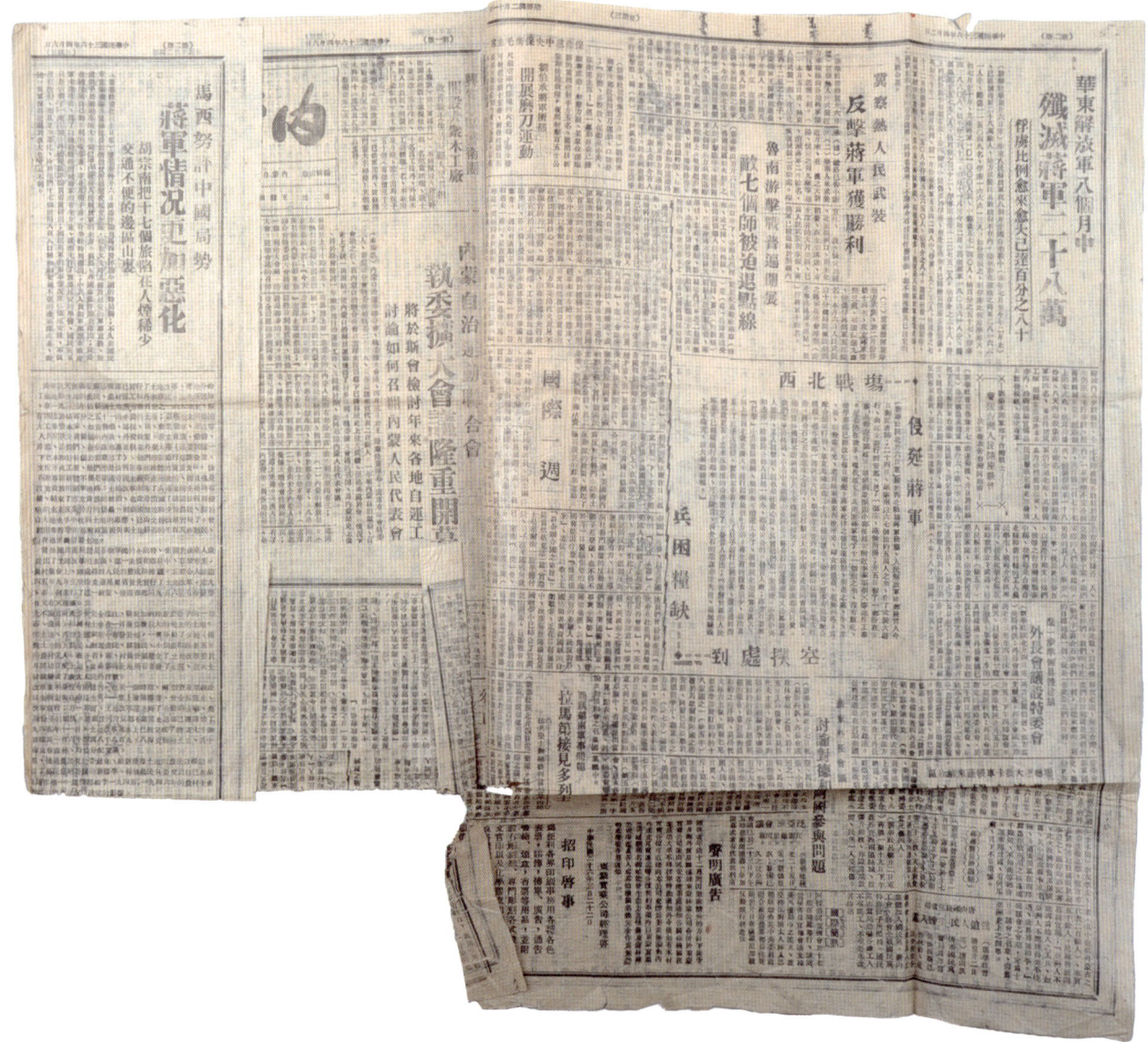

《内蒙自治报》1947年4月合订本

报》于1948年1月1日在乌兰浩特正式创刊。《内蒙自治报》完成了重要的历史使命。

《内蒙自治报》的出版发行,适应了解放战争时期革命形势和民族自治运动的迫切需要,对于宣传中国共产党的各项政策,特别是宣传党的民族政策,宣传内蒙古自治政府的重点工作发挥了重要作用。

54

《内蒙古周报》

名称：《内蒙古周报》
年代：1946年
质地：纸质
尺寸：高27厘米，宽19.2厘米，厚度0.15厘米
质量：26.8克

内蒙古自治运动联合会成立时就曾明确提出"关于蒙文报纸和印刷机关之建设，也应立即着手进行"。据此，内蒙古自治运动联合会在张家口成立了内蒙古报社，勇夫任社长，石琳任总编辑。从1946年3月17日开始出版了汉蒙双语的《内蒙古周报》。

《内蒙古周报》从创刊开始就肩负起宣传内蒙古自治运动联合会的纲领、方针、组织群众、发动群众的光荣使命。周报在发刊词中明确宣布："本报是内蒙古人民的言论机关，它是为内蒙古人民服务的，它所做的，它要说的，将决定于广大内蒙古人民的意志，我们要求大家大胆说话，尽量发表自己的意见，为着我们同一的信念携手前进。"

周报揭露蒋介石反动派的实质，宣传中国共产党的各项政策（尤其是民族政策），团结内蒙古地区各民族，努力建设内蒙古，配合全国解放战争。《内蒙古周报》的内容有评论、各盟报道、一周时事简述、通讯、卫生常识、文艺等。该报限于当时的局势和交通条件，主要发行于张家口、锡林郭勒盟、察哈尔盟等地，总共出刊20余期。周报报道与宣传的主要内

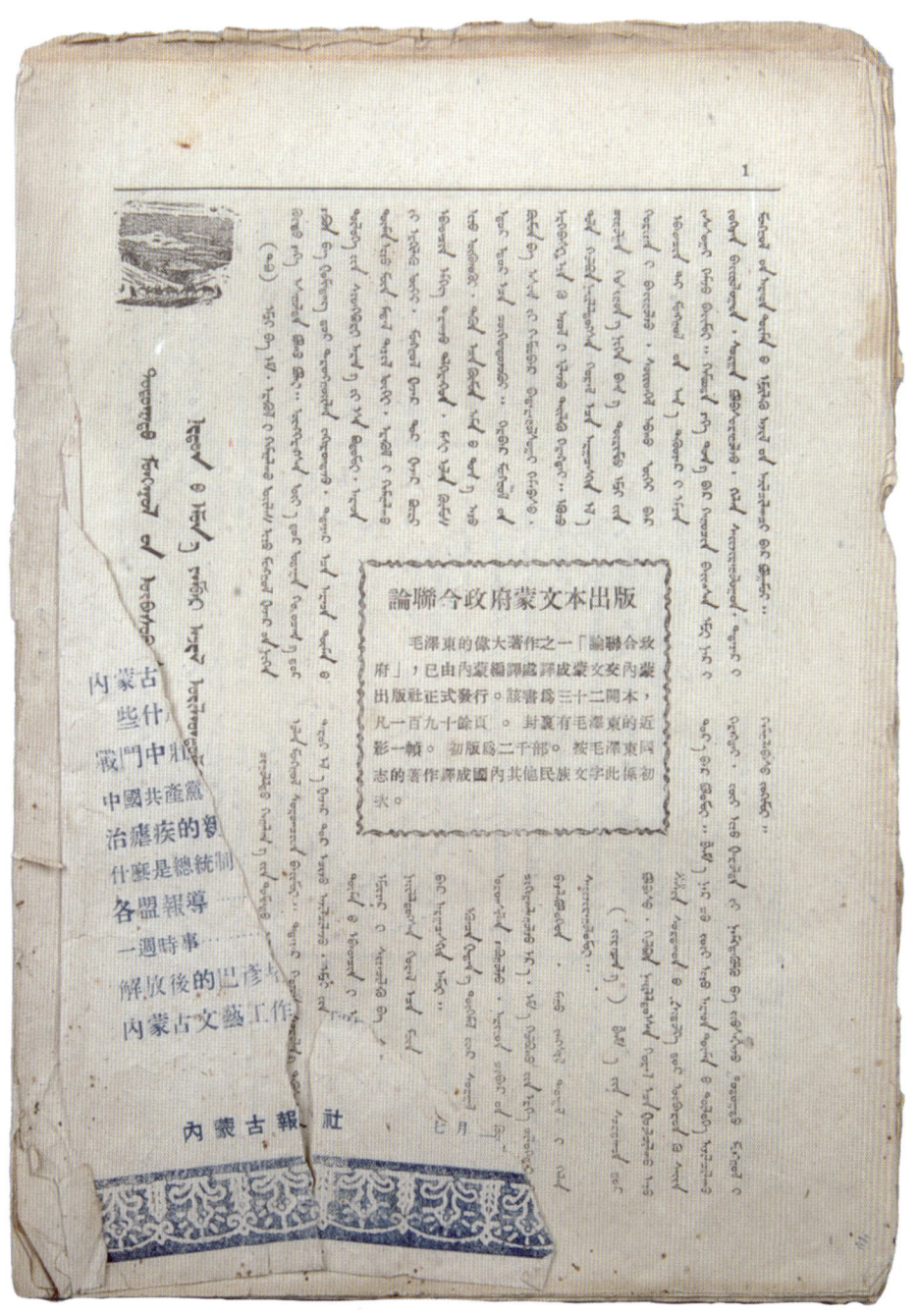

《内蒙古周报》

容是有关内蒙古自治运动的事情，如《内蒙古自治运动联合会会章》《联合会目前工作方针的意见案》《对内蒙古人民的宣言》等，都在周报上全文或摘要发表。1946年9月，由于国民党军队进攻张家口，自治运动联合会转移到贝子庙，《内蒙古周报》被迫停刊。

55

长城银行发行的5000元券

名称：长城银行发行的5000元券
年代：1948年
质地：纸
尺寸：长16.6厘米，宽6.1厘米
质量：0.8克

  1947年5月，冀热辽军区配合东北民主联军展开夏季攻势，冀东、热河、冀热察三个地区连成一片。为支援战争、加强财政供给、发展解放区经济，冀察热辽办事处决定，在热河省银行的基础上组建长城银行，发行冀察热辽流通券，作为全区的统一本位币。1948年2月21日，长城银行在赤峰附近原热河省银行总行驻地成立，3月5日开始发行货币。

  长城券的设计、制版及印刷，委托东北军区后勤部工业处印刷厂和嫩江省银行印钞厂采用胶印印制。长城券纸张优良、印刷精美、耐折率高，并有一定的防伪性，深受群众欢迎。券面"长城银行"行名，为该行经理史立德手书。最早发行的长城券有100元、200元、500元三种面额，后又增发1000元、5000元两种。为便利大宗交易，长城银行还发行了5万元、10万元本票两种，分别限于在热河、冀东、冀热察三地区流通使用，与现金同效。发行长城券的同时，决定该地区原来流通的晋察冀边币和热河省钞不再发行，已经流通市场的要按规定的比值流通。由于掌握得当，长城券流入全区市场未引起波动。在近一年的时间里，长城券统一了币制，占领了

长城银行发行的100元券

长城银行发行的200元券

长城银行发行的 500 元券

长城银行发行的 1000 元券

市场，便利了商民，人民亲切地称之为"长城钱"。

1948年秋，东北、热河全境解放。同年12月26日，经中共中央及东北局批准，取消中共冀察热辽中央分局，成立中共热河省委和辽西省委。同月，长城银行接到命令：停止长城券的发行。1949年1月，长城银行改组为东北银行热河分行和东北银行辽西省分行后，长城券被收回。

56

内蒙银行内蒙古各旗县公私款通用200元纸币

名称：内蒙银行内蒙古各旗县公私款通用200元纸币
年代：1947年
质地：纸
尺寸：长12.2厘米，宽6厘米
质量：0.6克

此纸币为内蒙古解放区货币，是内蒙古自治政府成立后为发展地区经济，方便流通发行的地区货币。纸币正面为通体白底印蓝灰色图文，正上方是"内蒙银行"四个字，两侧是"内蒙各旗县公私款项通用"的字样，正下方是"贰百圆"和"中华民国三十六年印"。背面颜色为白底印红色图文，主图案是该银行大楼，正上方是蒙古文的"内蒙银行"，中间是蒙古文"贰百圆"，还有汉文、蒙古文的银行行长印章，正下方标注着"1947年"。

1947年5月1日，内蒙古自治政府成立，颁布的《内蒙古自治政府施政纲领》第十一条规定："建立内蒙古银行，发行货币。"1947年6月1日，东蒙银行改组为内蒙古银行。内蒙古银行成立后便发行了内蒙古各旗县公私款通用地方流通券。

内蒙古各旗县公私款通用地方流通券通称"内蒙币"，为与之后的内蒙古人民银行内蒙古旗县公私通用券区分，也称"旧蒙币"或"旧内蒙币"，票面金额分为100元、200元和500元三种。1947年5月至1948年5月

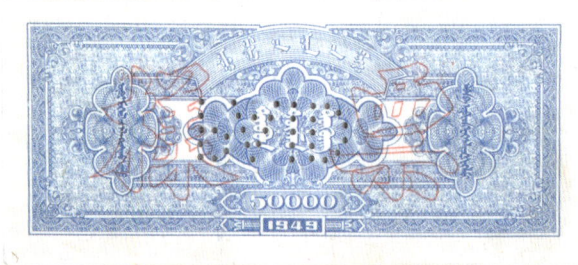

内蒙古人民银行 50000 元票样　　　　　　内蒙银行五百元样本

末，内蒙古银行共发行内蒙币约154.88万元。

1948年6月1日，内蒙古银行改为内蒙古人民银行，成立后随即开始发行内蒙古人民银行内蒙古旗县公私通用券，即"新蒙币"，同时收兑之前由内蒙古银行、东蒙银行及兴安省政府等发行的各种旧币，之后有几次区划调整，在新划入内蒙古的地区也设立内蒙古人民银行，发行新蒙币，使内蒙古地区货币逐步走向统一。

1951年4月1日，内蒙古人民银行改组为中国人民银行内蒙古自治区分行，正式成为中国人民银行的分支机构。同时，第一套人民币开始在内蒙古地区发行，收兑内蒙古人民银行发行的"新蒙币"。

这标志着内蒙古带有地方性特点的相对独立的货币制度和银行体系完成了它的历史使命，内蒙古跨入了全国统一货币和金融体系的行列。

57

中共中央委员会公布的《中国土地法大纲及关于公布中国土地法大纲的决议》

名称：中共中央委员会公布的《中国土地法大纲及关于公布中国土地法大纲的决议》
年代：1947年
质地：纸
尺寸：长27.4厘米，宽20.2厘米
质量：6.3克

1947年7月，中共中央工作委员会在西柏坡村召开党的全国土地会议，9月13日通过了《中国土地法大纲》，于同年10月10日由中共中央公布。这份文件规定没收地主土地、按人口平均分配土地，实现耕者有其田，成为在全国消灭封建剥削制度的纲领性文件。

《中国土地法大纲》共16条，规定彻底废除封建性及半封建性剥削的土地制度；实行耕者有其田的

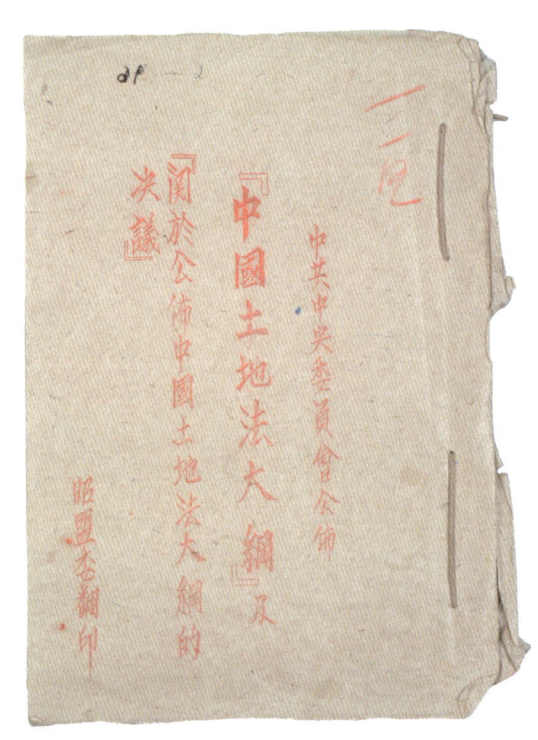

昭盟委翻印的《中国土地法大纲及关于公布中国土地法大纲的决议》

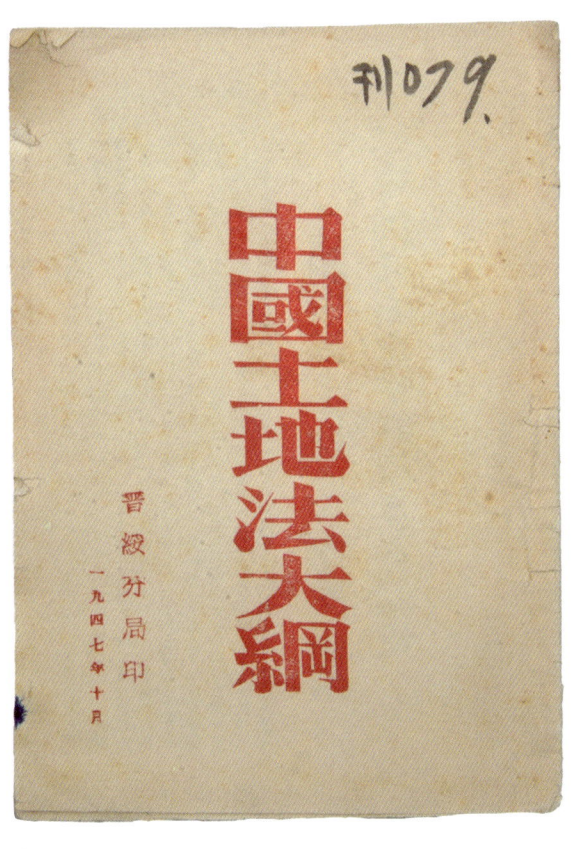

晋绥分局印《中国土地法大纲》

土地制度；保护民族工商业的发展；设立人民法庭。《中国土地法大纲》颁布后，各解放区人民政府根据本地区实际情况，又颁布了补充条例。通过土地改革，废除了封建土地制度，挖掉了帝国主义和国民党政府的统治基础，巩固了根据地；农民分到了土地，为了保护自己的革命果实，组织人民武装，建立人民政权，并积极参加人民解放军。农民的革命热情被激发出来，促进了社会生产力的发展，为解放战争的胜利奠定了物质基础。《中国土地法大纲》是一个彻底反封建的土地革命纲领。

　　《中国土地法大纲》的颁布与实施，调动了农民的生产积极性，解放和发展了生产力，使广大农村地区的生产关系发生了极其深刻的变化。

58

东北行政委员会颁发给白拉麻札佈的土地执照

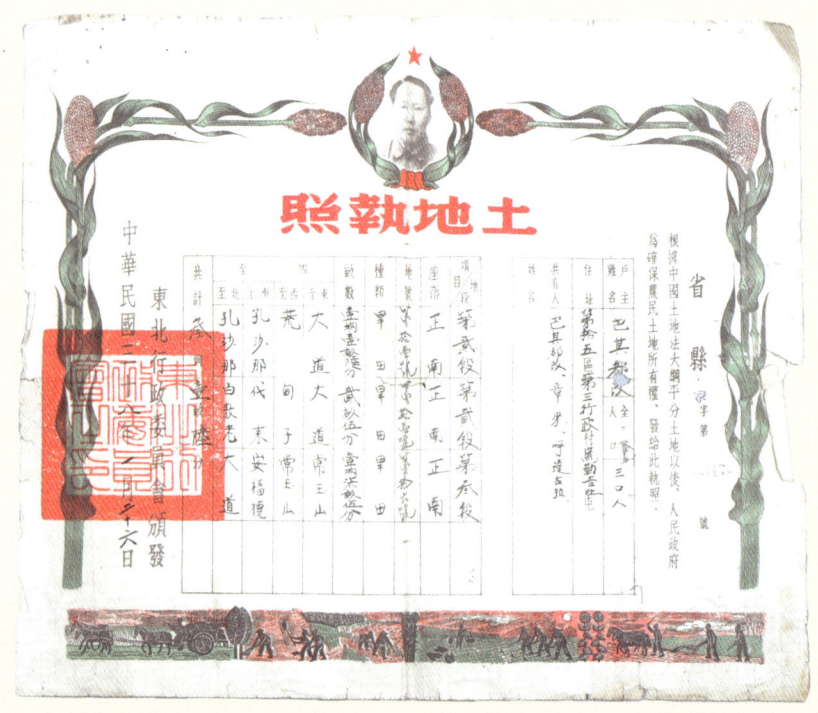

名称：东北行政委员会颁发给白拉麻札佈的
　　　土地执照
年代：1949年
质地：纸
尺寸：长32.5厘米，宽27.3厘米
质量：5.3克

土地执照整体布局由四周边框图案与中间正文构成，采用红、绿、黑套色印刷。执照上方正中是毛泽东头像，头像由红色绶带缠绕的两株高粱环抱，两株高粱顶部空白处中央印有一颗红色五角星。执照两侧各以一丛枝叶繁茂、颗粒饱满的高粱为边框图案，至页眉处呈直角，向以头像为主体的顶端图案延伸；执照下端底边图案由四幅木刻画风格小图构成，分别展现了农民在土地上春耕、夏锄、秋收和运粮的景象，四幅小图间以向日葵、高粱、白杨树图案作为分隔。

土地执照正文部分居于四周图案之中，采用由右至左的书写顺序，在顶端毛泽东头像下方印有"土地执照"四个红色大字，标题以下为执照正文，其内容分三个部分：一是发照机关、执照字号、发照依据和目的；二是采用两个表格的形式分别对土地所有人和土地的基本情况予以登记；三是执照落款，标明颁发机关和颁发时间，其上加盖"东北行政委员会"方形印章。

此执照是在解放战争时期土地改革中颁发给农民的确定地权的凭证。

土地执照

1947年，中共中央颁布了《中国土地法大纲》，各解放区开始了以"耕者有其田"为内容的土地改革。1947年12月1日，东北解放区发布《告农民书》。同日，东北行政委员会常委会颁布《东北解放区实行中国土地法大纲的补充办法》，根据中共中央的精神，结合东北解放区的具体情况，平分土地运动自此全面展开。为保障农民土地所有权，由东北行政委员会统一颁发土地执照，由各省政府转各市、县政府负责填发。

59 新『苏鲁克』合同

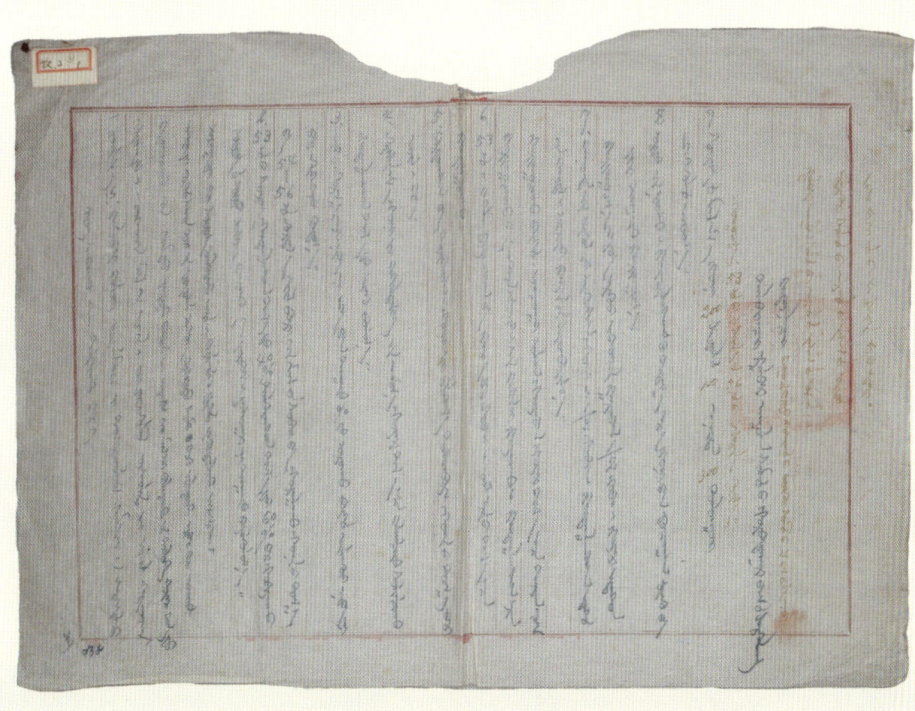

名称：新"苏鲁克"合同
年代：1948年
质地：纸
尺寸：长34.4厘米，宽25厘米
质量：1.3克

合同由蓝色钢笔书写，加盖印章和手印，是内蒙古地区牧业民主改革的见证。

在牧业改革前，内蒙古地区王公贵族和牧主主要通过放"苏鲁克"（蒙古语，即畜群）和雇工对贫苦牧民进行剥削和压迫。1947年11月，内蒙古共产党工作委员会和内蒙古自治政府决定在牧业区进行民主改革。在中共中央东北局的领导下，内蒙古共产党工作委员会不断总结内蒙古牧区民主改革的经验教训，把牧区民主改革的基本政策概况为"三不两利"，即牧场公有、放牧自由，不斗、不分、不划阶级，牧工牧主两利。牧场公有、放牧自由是"三不两利"政策的基本内容，打破了王公贵族和牧主霸占大面积优良牧场的封建特权，使牧民有了在划定区域内自由放牧的权利，不斗、不分、不划阶级和牧工牧主两利，既限制了牧主的封建剥削，又提高了牧工的收入，改善了牧工的生活，同时也适当地照顾了牧主的利益，调动了牧工和牧主双方的生产积极性。

"三不两利"政策出台后，各盟、旗从当地的实际情况出发，对旧的畜牧业生产经营方式进行了改良,普遍实行了新的"苏鲁克"方式。新"苏鲁克"方式的实行,大大减轻了牧主对牧民的剥削,提高了"苏鲁克"户的劳动所得,也保障了牧主应得的利益,因而受到牧业区各阶层群众的广泛拥护。

60 关起义烈士手稿《介绍内蒙古实业公司》

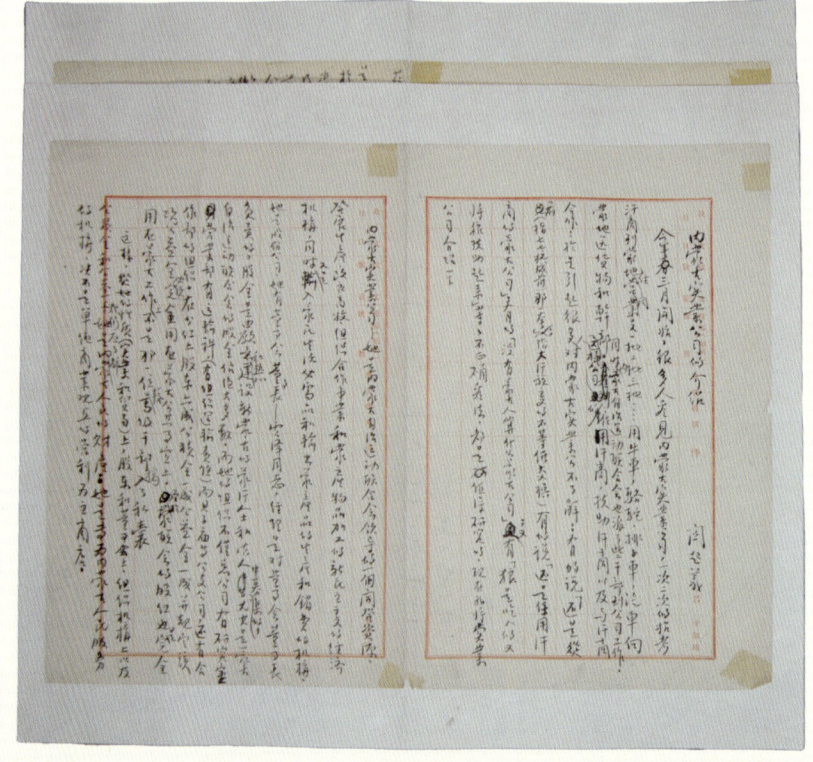

名称：关起义烈士手稿《介绍内蒙古实业公司》
年代：1946年
质地：纸
尺寸：长37.0厘米，宽25.1厘米
质量：41.8克

这份手稿用蓝色钢笔书写，标题为"介绍内蒙古实业公司"，作者署名为关起义。文章详细介绍了内蒙古实业公司的性质和成立目的。

关起义（1904—1947年），字翼青，别名刘元复，蒙古族，蒙古名吉鲁木图，今辽宁省康平县人。1927年考入东北大学理工学院建筑系，攻读土木工程专业。1931年被选为赴德留学生。

九一八事变爆发后，关起义毅然投笔从戎，加入了辽北抗日义勇军。1932年4月，该部划归东北义勇军第五军区，关起义任支队参谋长，率部队活动于通辽、开鲁、彰武、康平一带，给日军以沉重打击。

1938年，关起义由我党地下工作者姬羽翘介绍，与中共北方局社会部领导下的北平地下党组织取得了联系，开始从事党的统战联络工作。1940年，在党组织的安排下，关起义赴延安民族学院执教。

抗日战争胜利后，关起义积极投身于党领导下的内蒙古自治运动，当选为内蒙古自治运动联合会执行委员。1946年3月，内蒙古自治运动联合会在张家口成立内蒙古实业公司，关起义被任命为副总经理。内蒙古实业

关起义烈士的牺牲处

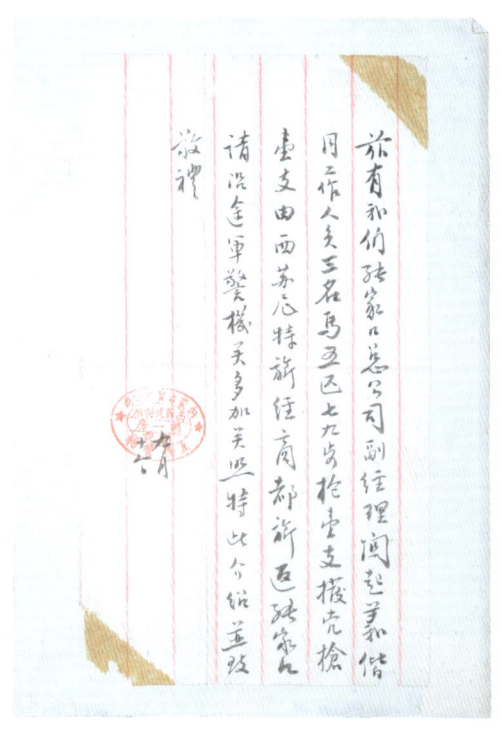

内蒙古实业公司介绍信

公司负责资源开发、生产发展、改良畜牧、组织合作事业和土特产加工,并根据牧区的实际情况输入生活必需品,输出畜牧产品。同年,关起义光荣地加入中国共产党,年底被任命为察哈尔盟代理盟长。

1947年1月6日,关起义一行来到哈叭嘎区奇门地沟宋家营子开展工作时与国民党匪军遭

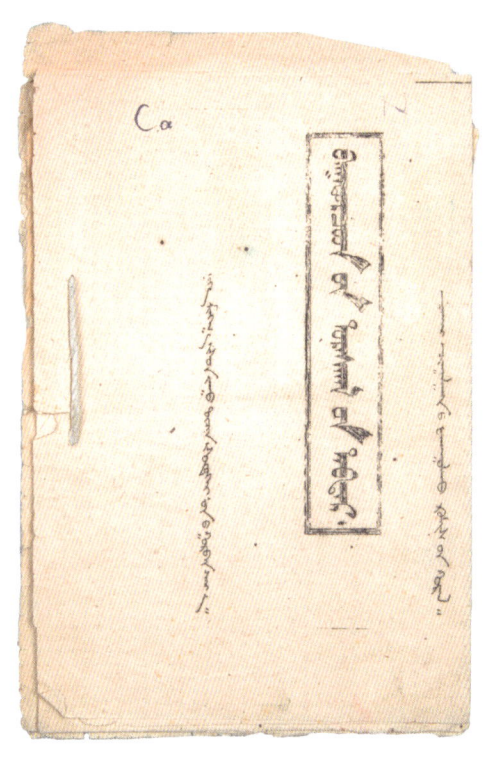

纪念关起义等烈士的文献

遇。突围时，关起义发现存放机密文件的马褥子不见了。他找文件时，敌人已开始猛烈地进攻。为掩护战友突围，关起义与敌人展开激战，后被围困在一座碾坊内，他顽强战斗，宁死不降。敌人恼羞成怒，便抱来柴草，放火焚烧碾坊。关起义壮烈牺牲，时年43岁。

61

《追悼萧苏高朱牛诸烈士纪念册》

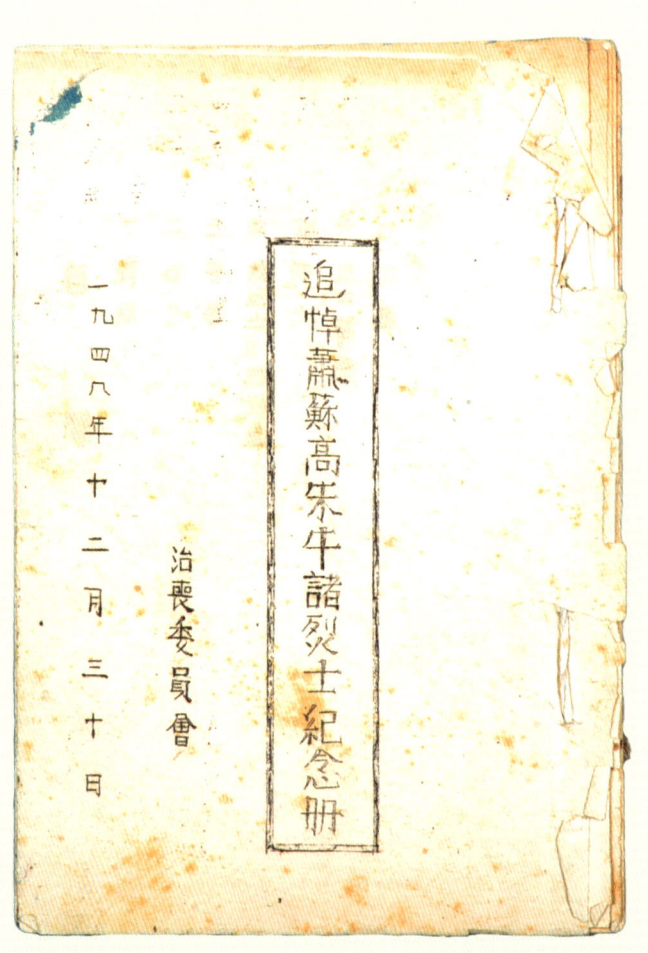

名称：《追悼萧苏高朱牛诸烈士纪念册》
年代：1948年
质地：纸
尺寸：长20厘米，宽14厘米，厚0.2厘米
质量：22克

此纪念册为纪念沙布日台战斗中牺牲的察哈尔盟工委代书记肖诚、察哈尔盟盟长苏剑啸及朱玉珊、牛润清、德勒格尔、乌玉林、田秀英、王福贵、贡其格扎布、海龙、古振东、秦树贵、耿亮、荣升、钱福、利米德、甄有、宋中玉18位同志所制作。

1948年下半年，察哈尔盟革命斗争形势非常严峻，一方面，国民党孙兰峰的机械化部队和土匪不时来骚扰；另一方面，在牧区改革工作中出现偏差，影响了党的民族宗教政策的贯彻落实，也给工作带来了相当大的困难。1948年10月，为了迅速扭转局面，中共锡察巴乌工委在贝子庙（今锡林浩特市）召开了工作学习会议。中共察哈尔盟工委代书记肖诚、盟长苏剑啸参加了会议。会议结束后，中共锡察巴乌工委决定抽调锡察干部团组教科科长朱玉珊赴任副盟长，同时还有干部乌玉林和机要秘书牛润清、公安处秘书德勒格尔、西蒙财政办事处马场主任七十三等同志，充实察哈尔盟的干部力量，加强察哈尔盟的工作，以满足对敌斗争和解放战争的需要。

1948年12月6日，肖诚、苏剑啸一行共27人（包括一个警卫班）踏上了返回察哈尔盟的路途。7日晚，他们到达沙布日台后决定就地宿营，待第二天天亮后继续赶路。当晚一切正常。8日拂晓时，队伍遭到胡图凌嘎匪帮的突然袭击，双方展开激烈的战斗，对峙到下午时敌人数量增至200多人，敌人包围了沙布日台。战斗进行得十分惨烈。天黑前，只有少数几名同志突围成功，担任掩护任务的肖诚、苏剑啸、朱玉珊、德勒格尔等18位同志壮烈牺牲。

62

唐桂芝烈士的手镯

名称：唐桂芝烈士的手镯
年代：解放战争时期
质地：银
尺寸：直径7×6厘米，厚0.8厘米
质量：110克

手镯为银质，近圆形，两端有球状装饰。

唐桂芝，1914年生于经棚县柳林乡朱可耗来村。因家境贫寒，13岁时，被卖于谢家做童养媳。不久，被转卖给梅家。18岁时，又被卖给牛头沟村的付甲珍。

1945年，八路军解放了经棚县，成立经棚县第六区民主政府，于海潮任区政委。于海潮常到牛头沟村向群众宣传革命道理，发动群众向土匪恶霸开展清算斗争，使饱受压迫和剥削的唐桂芝豁然开朗。在于海潮的影响下，唐桂芝积极参加区政府组织的活动，成为当地清匪反霸运动的骨干，并当选牛头沟村妇女主任。1946年初，唐桂芝加入中国共产党，并被委任为区妇女主任。

1946年秋，在国民党军队向解放区大举进犯之时，各地的地主武装、土匪、还乡团等也一哄而起，向革命群众发动反攻。为打击反动势力的嚣张气焰，党组织决定通过减租减息的方式，广泛发动群众，针锋相对地进行斗争。

唐桂芝奉命回家乡牛头沟村开展减租减息工作。回到牛头沟村后，发现当地群众没有被发动起来，经了解得知，是惧怕大地主翟振廷的缘故。翟振廷是方圆几十里的大地主，与当地的豪绅、土匪都有联系。唐桂芝在掌握情况后，召开农会干部会议，在会上她把牛头沟村为什么减租减息搞不起来，群众不敢动翟振廷的原因给大家分析清楚。经过讨论，大家决定先斗翟振廷。次日，民兵将翟振廷押到全村大会上。唐桂芝带头揭发、控诉翟振廷剥削压迫人民的罪行，接着不断有群众控诉翟振廷的罪行，把翟振廷斗得不敢抬头，声声认罪。从此，牛头沟村的群众革命情绪高涨，减租减息工作真正搞了起来。

1946年8月24日傍晚，于海潮政委到唐桂芝家，通知她牛头沟村出了叛徒，土匪王文焕和伪村长陈宝珠等人勾结起来，阴谋血洗牛头沟，牛头沟的党员必须尽快转移。于海潮走后，唐桂芝找到牛头沟的另外两位党员岳九洲和岳希武。三个人把做好的军鞋隐蔽起来，又把从地主家没收来的羊群赶进山。25日清晨，唐桂芝在下山途中被土匪发现，不幸被抓。被抓后，土匪对唐桂芝严刑拷打，要她交代于海潮政委的下落，唐桂芝威武不屈，慷慨就义。

1947年，郑士谦等根据唐桂芝的事迹创作的大型歌剧《唐桂芝》在城乡上演，助力了清匪反霸斗争。

63

中国人民解放军内蒙古骑兵第一师第二届功臣大会留影

名称：中国人民解放军内蒙古骑兵第一
　　　师第二届功臣大会留影
年代：1949年
质地：纸
尺寸：长11.6厘米，宽8.7厘米
质量：2.6克

照片是在中国人民解放军内蒙古骑兵第一师召开第二届功臣大会时拍摄的。照片上多位战斗功臣手持锦旗，锦旗上写"坚决顽强""英勇杀敌""机动灵活　英勇顽强""机动灵活　缴获众多"等赞语。

中国人民解放军内蒙古骑兵第一师创建于1946年1月，当时称东蒙古人民自治军骑兵第一师。四三会议后，改称内蒙古人民自卫军骑兵第一师，王海山任师长，胡秉权任政治委员，各团均派八路军老干部任政治委员。在中国共产党的领导和各族人民的支持下，这支骑兵部队广大官兵的政治觉悟和军事素质不断提高。

1947年开始，内蒙古人民自卫军骑兵第一师部队参加了东北主力部队连续发动的夏、秋、冬季攻势作战。在秋季攻势中，配合主力攻克彰武、法库、黑山、新立屯、阜新等城镇，取得重大战果。在大虎山战斗中，骑兵一师三团四连战士高陶用自己的生命为后续部队打开了通路，保证了战斗的胜利，被称为骑兵杀敌勇士。指导员嘎瓦仓卜身先士卒，带头冲入敌阵，不幸中弹牺牲。乌兰夫对高陶和嘎瓦仓卜的英勇事迹做了高度评价，

内蒙古骑兵第一师功臣大会获奖者合影

亲笔题书,称赞二人"是共产党员的最好品质和崇高民族气节的表现"。1948年1月,内蒙古人民自卫军改称内蒙古人民解放军,成立内蒙古军区,内蒙古人民自卫军骑兵第一师相应改称内蒙古人民解放军骑兵第一师。1948年5月1日,骑兵一师在乌兰浩特市召开首届功臣大会。1948年秋,辽沈战役打响,为保证东北野战军主力部队攻克锦州,内蒙古人民解放军骑兵第一师的两个团在北宁路两侧和绕阳河两岸进行运动性防御,阻击由沈阳出援锦州的国民党军廖耀湘兵团。面对数倍于己的敌人,骑兵第一师第一团约300名指战员顽强坚守阵地,包括连长布和吉雅在内的60余名干部、战士壮烈牺牲,毙敌、伤敌数百名,顽强阻敌7个多小时,完成了上级交给的阻击任务。1949年5月,内蒙古人民解放军正式编入中国人民解放军序

高陶烈士全家合影

列，骑兵第一师改称中国人民解放军内蒙古骑兵第一师；7月，骑兵第一师举行第二届功臣大会，对战斗英雄和先进分子进行褒奖。

在战火的洗礼中，以骑兵第一师为代表的内蒙古骑兵部队在中国共产党的领导下逐步发展壮大，成长为一支拥有极强战斗力的新型人民军队，为解放战争的胜利作出了重要贡献。

64

《绥蒙区党政军民殉难烈士英名录》

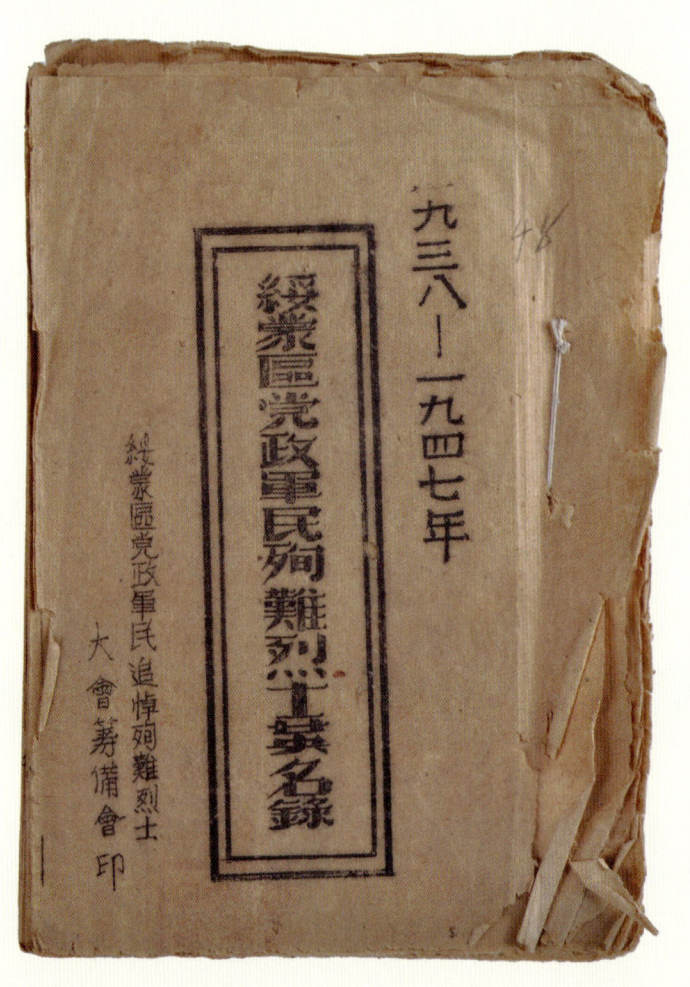

名称：《绥蒙区党政军民殉难烈士英名录》
年代：1947年
质地：纸
尺寸：长19.3厘米，宽14.0厘米，厚0.42厘米
质量：34.5克

这本英名录内容收录了1938—1947年间牺牲的烈士，由绥蒙区党政军民追悼殉难烈士大会筹备会印制。

1945年，中共绥蒙区委员会在绥远成立，中共中央准备以绥蒙为中心，全面开展内蒙古的工作，发动内蒙古自治运动。经过艰苦卓绝的斗争，1947年内蒙古自治政府成立，为了缅怀为之奋斗的革命先烈，政府决定召开追悼殉难烈士大会。1947年9月，绥蒙区党政军民追悼殉难烈士大会筹备会发布了《绥蒙区党政军民殉难烈士英名录》。因为时间较为仓促，所以资料收集不是很完善，烈士姓名多是同志们凭借记忆得来。

65

蒙汉支队战士使用过的马鞍鞯

名称：蒙汉支队战士使用过的马鞍鞴
年代：1946—1948年
质地：毛
尺寸：长62厘米，宽54厘米，厚1厘米
质量：2057.3克

马鞍鞴整体图案分为内、外两部分，外圈为万字锦地纹，内部主图案为鹤鹿同春的传统图案，是蒙汉支队战士使用过的马具。

1946年2月，中共中央西北局召开会议，专门研究伊克昭盟工作。会议进一步明确了在伊克昭盟的工作方针，决定单独设立中共伊盟工委，受中共中央西北局直接领导。根据中共中央西北局的指示精神，伊盟工委及下辖的乌审旗工委、鄂托克旗工委加强了武装力量建设和政权建设。在解放区组建武装部队，建立警卫队、建立基层人民政权，准备开展武装斗争。

1946年6月，国民党集结重兵准备进攻陕甘宁解放区。1947年3月起，国民党军开始向陕北地区发动重点进攻。为适应战争形势、统一伊盟的革命武装力量，1947年5月，经中共中央西北局和陕甘宁晋绥联防军批准，三边军分区和伊盟工委对伊盟南部解放区的革命武装进行整编，组建了由300余名骑兵组成的师级建制的伊盟蒙汉支队，阿尔宾巴雅尔（王悦丰）任司令员，高增培任政委，下辖两个大队，受三边军分区和伊盟工委双重领导。蒙汉支队建立后，奉命驻守在靖边县张家畔一带。

蒙汉支队骑兵使用过的马镫

1947年4月5日,中共中央机关转移到靖边县青阳岔,后又转移到王家湾,在此停留50余天。为保护中共中央机关的安全,西北野战兵团向三边分区下达命令,要求动员所有地方武装,不惜一切代价,坚决堵住来自北线的敌人。伊盟蒙汉支队同三边军分区其他部队一起执行了保卫中共中央机关的光荣任务。在作战过程中,蒙汉支队官兵坚定顽强,击退了国民党军的多次进攻,并乘胜主动出击,从侧翼包抄,国民党军腹背受敌,仓皇溃逃。战役取得胜利,蒙汉支队完成了保卫中共中央机关北线安全的任务。

1947年7月3日,伊盟工委在宁条梁召开会议,决定乘势率领蒙汉支队重返伊盟,收复失地,扩充队伍;7月4日,蒙汉支队收复了城川;7月中旬,鄂托克旗、乌审旗的地方反动武装联合向城川反扑,蒙汉支队在西北野战军部队的支援下击退了敌军,保卫了城川;7月下旬,蒙汉支队东进乌审旗,将东乌审反动王爷奇玉山部驱逐出红柳河以南地区。至此,原伊克昭盟南部的解放区大部分被收复,解放区的民主政权建设、战勤、镇反、

蒙汉支队骑兵使用过的烟斗

救治灾害、发展生产等工作也在伊盟工委的领导下开始恢复。

　　为加强对蒙汉支队的领导，1947年8月，经三边军分区司令部同意，伊盟工委增设军事部，韩是今任部长，高平任副部长。军事部成立后，统一了部队指挥权，建立了各项制度，提高了部队的军事、政治素质。同年11月底，蒙汉支队先后转移到靖边县、吴起镇，开展了以"诉苦"和"三查"为主要内容的整军运动，使部队的气象焕然一新，战斗力明显提高。1948年1月26日，蒙汉支队改编为伊盟自治支队，支队下辖三个大队，共有500余骑兵。1948年3月起，伊盟自治支队继续开辟伊盟东部解放区，坚持西部地区游击战争。到8月，已解放了准格尔旗黄河以南的11个区，并向其他旗县不断扩展，为实现内蒙古西部地区解放打下了坚实基础。

66

伊盟工委主办的《蒙古报》第49期

名称：伊盟工委主办的《蒙古报》第49期
年代：1949年
质地：纸
尺寸：长19.4厘米，宽13.3厘米，厚0.2厘米
质量：25.7克

这份经历了革命战争年代的《蒙古报》，为1949年刊，编号为第49期，出版时间是1949年6月25日，报社社址为伊克昭盟准格尔旗。《蒙古报》为32开，竖版，汉文、蒙古文双语，油印。

《蒙古报》创刊于1944年冬，中国共产党三边地委为了向内蒙古伊克昭盟的群众宣传党的民族政策和抗日统一战线政策，号召蒙古族各阶层人士团结抗日，在定边创办了《蒙古报》。第1期为4开，石印，汉文、蒙古文双语版。

1945年春，中共西北局根据抗日形势，经乌兰夫建议，重新建立了伊克昭盟工作委员会（伊盟工委），驻地城川，赵通儒任书记，委员有高增培、刘昌汉、曹动之、徐子猷、孙润华、鲁直等，属中共西北局领导。蒙古报社也迁到城川，由伊盟工委领导。报纸改为油印，继续宣传中国共产党建立联合政府、实行民族区域自治的方针政策。由于大幅报纸不宜保存，《蒙古报》遂从4开版改为32开版的小册子。

1949年8月底，伊克昭盟全境解放；9月，《蒙古报》改名为《伊盟

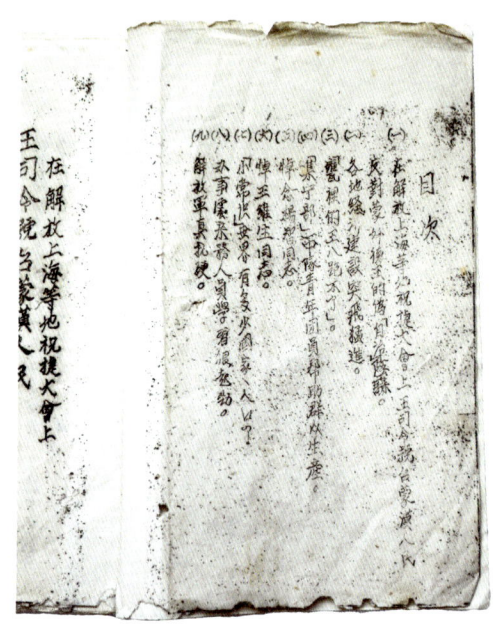 

《蒙古报》目次　　　　　　　　《蒙古报》蒙古文版封面

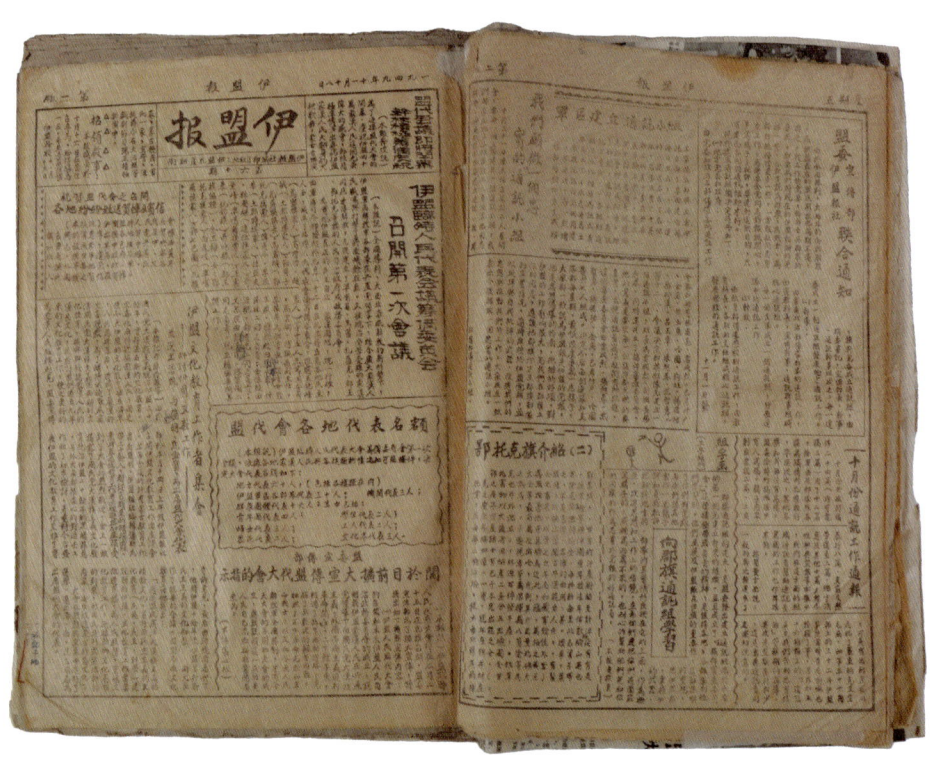

《伊盟报》

报》。根据办报宗旨,《伊盟报》刊登了大量反映民族团结、军民团结以及各族群众生活的文章。《伊盟报》还利用电台收集新华社播发的新闻,登载人民解放战争的最新战果,鼓舞了各族军民的革命斗志。

67

绥远『九一九』起义签字书（复制件）

名称：绥远"九一九"起义签字书（复制件）
年代：1949年
质地：纸
尺寸：长130厘米，宽45.5厘米
质量：19.9克

绥远"九一九"起义签字书，右侧为起义通电，左侧为参加起义人员的签名。

平津战役结束后，绥远西部地区虽然仍处在国民党统治之下，但是随着敌我力量的消长变化，绥远解放已成为不可阻挡的历史大势。1949年3月，毛泽东在党的七届二中全会上正式提出了解决国民党军的"绥远方式"。

经过半年多的艰苦努力，绥远终于迎来和平解放的曙光。9月18日，国民党绥远省政府主席兼保安司令董其武等38人在所拟的起义通电稿上签名。经傅作义晓以大义、陈述利害，孙兰峰也于19日凌晨在通电稿上签了名。19日上午，在绥远省银行包头分行，董其武率国民党绥远军政干部和地方各族各界代表39人，代表绥远省的国民党军全体官兵和各级行政人员宣布起义，并发出通电宣告："正式脱离依靠美帝国主义的蒋介石、李宗仁、阎锡山等反动派残余集团，坚决走到人民方面来。在中国共产党领导下努力学习，自我改造，和全国人民一起来粉碎帝国主义侵略中国的任何

"九一九"起义签字地点旧址

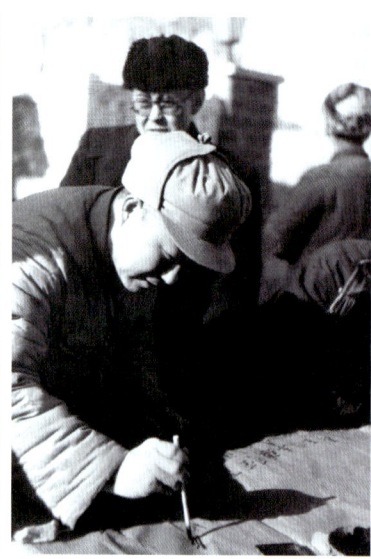
1949年9月19日,董其武在《起义通电》上签字

阴谋,消灭反动派一切残余势力,实现新民主主义,即革命的三民主义,和平建设新绥远,和平建设新中国。我们热切期望人民领袖毛主席、朱总司令及各界民主人士指导我们,教育我们,使我们能在新社会中忠实的为人民服务。"这就是绥远"九一九"起义。20日,毛泽东、朱德复电董其武等,对参加绥远起义的全体部队官兵、政府工作人员和各界人士予以慰勉和祝贺。

"九一九"起义的成功,标志着绥远获得了和平解放。中共中央、毛主席创造性地提出的"绥远方式",对当时全国尚未解放的地区起到了独特的示范作用,这对加速全国解放和建设新中国的进程,都产生了积极而深远的影响。

后 记

革命文物承载党和人民英勇奋斗的光荣历史，记载中国革命的伟大历程和感人事迹，是党和国家的宝贵财富。为深入贯彻落实习近平总书记关于加强革命文物保护利用，弘扬革命文化，传承红色基因的重要指示，内蒙古博物院革命文物管理部组织编写《红色宝藏——内蒙古博物院馆藏革命文物》一书，深入挖掘和有效利用内蒙古博物院馆藏革命文物资源，用文物和史实见证近代以来，在中国共产党团结带领下，内蒙古地区各族人民浴血奋战、建立新中国的光辉历程。

本书选取相关资料较多、具有代表性的革命文物，时间上涵盖整个新民主主义革命时期，通过客观翔实的史料和二百余张图片，讲述革命文物承载的英烈事迹和重要事件，让内蒙古红色文化在新时代焕发新光彩。

本书的编写得到了内蒙古博物院党委的大力支持。内蒙古博物院革命文物管理部戈力平负责全书的统筹协调工作，张闯辉负责革命文物和图片的选取、确定行文体例、分配编写任务等工作，陈明会负责与出版社的对接工作。参加编写工作的有张闯辉、陈明会、徐怿达、董苏艺、季江龙、李玲、王子涵、韩俐、白瑞。内蒙古社会主义学院薛智平教授对本书内容提出了宝贵意见。内蒙古图书馆为本书的音频录制工作提供了大力支持，远方出版社全力推动本书的编辑出版工作，在此一并表示感谢。

由于编写者水平有限，引用的资料、图片难免存在遗漏和不足之处，恳请广大读者批评指正。

编　者

2023年9月